DEL MONTÓN

Moisés Nava Falcón

BARKER & JULES®

BARKER & JULES®

DEL MONTÓN

Edición: BARKER & JULES™
Diseño de Portada: Mariana Galindo | BARKER & JULES™
Diseño de Interiores: Jessica Vallejo Huerta | BARKER & JULES™
Logotipo de portada | Jose Luis Rodriguez

Primera edición - 2022

I.S.B.N. Paperback | 978-1-64789-929-5
I.S.B.N. eBook | 978-1-64789-928-8

Derechos de Autor - Número de control Library of Congress: 1-11261861906

BARKER & JULES, LLC
3776 Howard Hughes Pkwy 549, Las Vegas, NV 89169
barkerandjules.com

ÍNDICE

¿Qué quiere decir "del montón"?

Me di a la tarea de buscar de dónde viene este dicho o jerga, y encontré que "ser del montón" viene del apilar cosas generales sin más importancia una de la otra. Imagina que estás limpiando tu oficina o tu casa y organizando documentos, en la forma en como los vas catalogando y de acuerdo al nivel de importancia los vas separando, los documentos que no importan más que otros o los que quieres revisar después, van todos a un montón.

Si estás haciendo limpieza de tu ropa, buscando cómo la vas a acomodar, escoges ciertas prendas para ir colgadas, ciertas prendas para destacar en algún cajón y lo demás, lo de importancia general lo pones en el mismo montón, que más tarde irá a un cajón o a un estante, pero nada de eso es más importante que lo otro.

Entonces ser del montón es tener la misma importancia que lo demás en ese montón, o no tener mayor importancia que los demás en ese montón.

Cuando hablo de mediocridad, hay mucha gente que se ofende, o lo ve como que estoy siendo grosero.

Por lo mismo trato de nunca referirme a nadie directamente como mediocre.

Pero, ¿qué crees?

Eres mediocre…

La palabra viene del latín *<mediocris>*, que significa común, ordinario, medio.

Entonces en sí, el término no es peyorativo, solo hace alusión al "promedio", pero a través de innumerables interacciones con la gente me he dado cuenta de que la gran mayoría de las personas no quieren ser consideradas así. Todos de alguna forma queremos sobresalir, ser diferentes o superiores, y ¿sabes qué? Todo humano que camina esta tierra tiene talentos diferentes a los demás, talentos que los podrían hacer sobresalientes de la media, el problema viene cuando te conformas, ahí todos tus talentos valen nada, ahí te vuelves del montón.

Es esa gente la que le da la connotación negativa, porque el término da cuenta o expone a alguien que no se esfuerza lo suficiente como para ser "sobresaliente". Y digo sobresaliente porque sería lo contrario a ser de la media a conformarse con el *statu quo*. Entonces la connotación negativa viene de percibir que no te estás esforzando lo suficiente, solamente lo mismo que los demás.

Me he dado cuenta de que la gente que más se ofende con el uso de este término, es a la que no le gusta que se les ponga un espejo enfrente, que se les enseñe qué hacen y qué no hacen, y no juzgando simplemente observando sin ser "grosero".

Tu mayor límite eres tú.

Y este libro es un espejo.

Este libro habla de tu mediocridad.

¿Te ofende?

Hay infinidad de capas, nadie es bueno para todo y todos somos buenos para algo específico, lo cual hace que el trabajo en tus talentos sea más fácil que el trabajo en lo que no son tus talentos. Ser promedio en tus talentos es desperdiciar esos talentos y ser promedio en tus debilidades es un desperdicio de tiempo trabajando algo para lo que nunca serás bueno.

Las capas

Si pensáramos en una persona como una cebolla (no sería mi primera opción de pensarte así, pero funciona muy bien para el ejemplo) el centro o corazón es quien eres tu, tu personalidad, tu esencia. Las capas de la cebolla son todos los ámbitos de tu vida a lo largo de la misma, por ejemplo:

- Amistades
- Familia
- Trabajo
- Negocio
- Dinero
- Espiritualidad
- Deporte
- Arte
- Habilidades
- Conocimientos
- Amor
- Inteligencia Emocional

Hay personas que tienen mayor talento en desarrollar algún ámbito que otro, pero eso no quiere decir que vayas a ser sobresaliente en ese ámbito. Puedes ser muy bueno generando dinero (sobresaliente), pero una pareja promedio, o un padre/madre promedio. Puedes ser muy buen hijo y muy buen hermano (sobresaliente), pero tienes un trabajo promedio. Puedes ser sobresaliente en cosas técnicas, pero no eres bueno con la gente.

John Maxwell cuenta cómo pasa tiempo jugando golf, pero sabe que nunca va a ser sobresaliente jugándolo, es solo un *hobby*, un pasatiempo, por lo cual ser mediocre en el golf no le molesta, es más ser del promedio lo hace mejor que muchos, y encima hace que se pueda divertir más. La competencia en los deportes es lo que lo hace tan divertido, si eres muy malo o muy bueno te sales de ese nivel de competencia.

El espejo

Cuando te ves al espejo, ¿qué ves?

Desde pequeños empezamos a copiar a la gente con la cual sentimos una conexión, empatía, admiración, yo en mi caso tengo recuerdos de cómo copiaba a mi papá, quería hasta caminar como él, pisando donde él pisaba, después fue mi hermano, después en la escuela hay grupos de personas con las cuales te sientes más afín.

Más afín quiere decir que tienes más cosas en común, pero no eres exactamente como ellos, ni siquiera ellos son exactamente iguales. Pero eso no limita a nadie a poco a poco adoptar la misma forma de hablar y la misma forma de vestir, la misma forma de actuar y aunque no sean metas tuyas empiezas a querer lo mismo que quieren los demás dentro del grupo. Todo a lo largo de tu vida has copiado a los demás, y los demás se han copiado entre sí tratando de pertenecer.

El sentido de pertenencia es la satisfacción de una persona al sentirse parte integral de un grupo. El sujeto, de este modo, se siente identificado con el resto de los integrantes, a quienes entiende como pares. Entonces desarrollas una actitud consciente respecto a otras personas, en quienes te ves reflejado y te identificas con sus valores y costumbres.

Y tan importante es reconocerte tú en lo personal, como cuando te ves al espejo o cuando tienes emociones en donde reconoces que ese eres tú, que así eres, cómo es de importante reconocerte como parte de una manada, de un grupo con características similares, con gustos, metas, fines, valores y costumbres que van de la mano con tus creencias.

Estos comportamientos se ven en los animales así como en los humanos y es un comportamiento natural. Según la pirámide de jerarquías de las necesidades humanas de Maslow, la necesidad de pertenecer y de sentirse apreciado, querido y/o amado es la tercera solo después de las necesidades fisiológicas y las necesidades de seguridad. Las tres son necesidades muy básicas en la escala, y por lo general desde muy corta edad, estas están cubiertas en nuestra sociedad hoy, antes no era así. Los primeros tres escalones en la pirámide de Maslow son de supervivencia. Los grupos a los que perteneces cambiaran de a cuerdo a las diferentes etapas de tu vida.

El primer grupo será el núcleo familiar, padre, madre, hermanos. Después la familia no tan cercana, primos, tíos, abuelos. Seguida del colegio y de los amigos que tengas como vecinos. Las actividades que realices generaran grupos alternos de pertenencia como si tomaste clases de natación, futbol, ballet, o cualquier otra actividad. En la mayor parte de los casos nos dejamos llevar por la sensación de pertenencia más que por amor a la actividad, porque ahí es donde nos sentimos más cómodos es donde sentimos más fuerte la pertenencia. Conforme avanzas a tu edad adulta los compañeros del trabajo, los vecinos, las mamas y papas de los compañeros de la escuela.

Lo cierto es que entre más experiencia de grupos a los cuales has sentido que perteneces más perspectiva tienes de quien eres, pero esto no quita que siempre estás tratando de pertenecer, consciente e inconscientemente.

Yo tengo muchas historias donde me doy cuenta de cómo cambio el lenguaje, el acento, la forma de vestir, el tema de conversación y hasta el nivel de pensamientos en las pláticas. No lo hago a propósito, no lo hago por conseguir algo a cambio salvo pertenencia, simplemente lo hago. Y la única razón por la cual hoy tengo conciencia de ello es porque de hacerlo inconsciente un día se volvió consciente, o sea me di cuenta de que lo hacía y empecé a analizarlo. La más chistosa de todas es cuando hablo por teléfono con uno de mis grandes amigos y socio de negocios, Juan Ángel. Resulta que Juan es argentino y si bien ha vivido cerca de veinte años en México tiene ciertos atributos en su acento, en su tono de voz y hasta en la elongación de ciertas palabras muy característica. Lo más curioso es que cuenta que en Argentina le dicen que habla como mexicano y aquí le decimos que habla como argentino, pero independientemente de eso mi mujer sabe que estoy hablando con él por teléfono por la forma en como hablo, dice que le copio el acento, y no está equivocada, pero lo hago de manera inconsciente aunque cuando me cacho haciéndolo se me hace de lo más chistoso.

Profundizaré más adelante en el tema de todo lo que hacemos de manera inconsciente para y por pertenecer a diferentes grupos porque el instinto de hacerlo es el principio de la mediocridad.

Al querer ser parte de un grupo, y ser igual que todos los demás, te estás convirtiendo con todas las letras en alguien del montón, de ese montón específicamente. Esto no quiere decir que no haya montones muy especiales, como si me dijeras que perteneces al montón de gente que se ha ganado un premio Nobel me quito el sombrero y me retracto de haber llamado a cualquier grupo el principio de la mediocridad. Grupos independientes pueden llegar a ser de lo más sobresalientes que hay. El problema aquí es que no hablo de la pertenencia a un grupo tan pequeño y tan especial como el de los ganadores de premio Nobel, o los billonarios, o quizá los que han salido al espacio. Me refiero al grupo más grande que hay y abarca a más del 95 % de la población, esa población que vive dormida al volante, que sigue metas genéricas, que busca estabilidad en un empleo, con un sueldo promedio, una casa promedio, una vida promedio, una pareja promedio, vacaciones promedio. Aquella persona que no solo es del montón, sino que si siente que le va un poquito mejor que al vecino, se convence de que al estar por encima de la media es sobresaliente, pero no se compara con el vecino del otro lado a quien le va un poquito mejor que a él porque entonces se daría cuenta de que sigue estando en el medio.

Vamos de regreso a la pregunta de inicio:

Cuando te ves al espejo, ¿qué ves?

¿Ves lo que pretendes ser todos los días dependiendo del grupo con el que pasaras tiempo?

¿Ves a la persona que eres en realidad?

O

¿Ves a la persona en la cual te puedes convertir?

"El sentido de pertenencia nunca debería superar el nivel en que te aceptes tú a ti mismo"

El ego, definido de la manera más simple es la forma en cómo te reconoces tú, es la forma en cómo se hace consciente tu propia identidad, es la conciencia humana encargada de dar el sentido de "sí mismo" o en este caso de ti mismo.

Te puedes reconocer en el espejo, con la manera en cómo reaccionas, con tus acciones, comportamientos y emociones habituales. Pero la gran mayoría de la gente no se reconoce más que en un grupo determinado, es más fácil copiar que ser.

Si únicamente te reconoces por las características del grupo al que perteneces, no solo eres del montón, sino que el montón eres tú, y lo vas a defender a capa y espada, porque de no tenerlo no serías capaz de reconocerte cómo eres o cómo crees que eres.

El ego, tu forma de reconocerte como quien tú eres, es una parte muy importante de la conciencia, porque, por un lado, eres el juez más estricto en tu vida, te ves con todos tus errores y defectos y dependiendo de tu humor hasta los exageras y agrandas, por otro lado, eres el protagonista de la película que es tu vida y acostumbrado y programado a que al protagonista siempre le va bien (solo en las películas) esperas lo mejor para tu vida, lamentablemente la mediocridad está en esperar y no en hacer, pero más de esto en capítulos posteriores. También tienes una personalidad que me gusta decirle tu personalidad de Instagram, esa persona que quieres que la gente vea, que la gente perciba. No eres tú, pero quieres que los demás te vean de esa manera, y cuando no te ven de esa manera sufres decepción. Por eso mencioné que es una parte muy importante de la conciencia, esta es que tanto sabes o percibes de tus personalidades como real, que tan apegado está tu concepto de quien eres con quien de verdad eres, pero vamos a verlo desde otra perspectiva.

¿Sería tan malo no ser como eres hoy?

Tu nivel de resultados actuales depende de la persona que eres, el nivel de tus relaciones, de tu familia, de tus ingresos, de tu negocio, de tus comportamientos y de tus emociones. No siempre has tenido los resultados que tienes hoy. Cuando tus resultados eran menores, es porque no tenías un cierto entendimiento de cómo funcionan las cosas, de cómo funcionas tú, la madurez es aprender a conocernos mejor y por eso dejamos de cometer ciertas tonterías no porque ya no sean divertidas sino porque ya somos conscientes de las consecuencias, ahora piensa en el cambio que tuviste desde que eras otra persona hasta la persona que eres hoy, hubo no nada más cambios en ti sino en los grupos a los que perteneces. Quizá dejaste grupos, quizá te dejaron, quizá ambas.

La cosa es que donde estás hoy no es eterno, no hay situación permanente, aunque la vas a defender como si lo fuera y seguro la defendiste en el pasado y la vida te fue guiando, digamos que esos cambios, ese crecimiento no sucedió solo, pero lo más seguro es que sucedió inconscientemente. La ironía de la vida es que le sucede a la gran mayoría de la misma manera, aunque cada quien con sus vidas. Pero llega el momento en donde la vida te deja cómodo, estable y seguro en tu vida, pero eso viene con el precio de ser del montón. Y el montón te absorbe, te quiere, te necesita. Es la relación más tóxica que jamás tuviste y al estar involucrado en esta relación, al estar dentro no lo puedes ver, supongo como en cualquier relación tóxica.

Esta es una maestría en mediocridad, te invito a estudiarla y aprenderla, porque al hacerlo te irás dando cuenta cómo, cuánto de lo que se necesita para ser un maestro en ella, ya posees.

Como un médico oncólogo que se especializa en cáncer, entre más conoce de la enfermedad, sus causas y síntomas, mejor puede deshacerse de ella.

Este es tu reflejo en el espejo, escribe qué ves hoy, y regresa cuando hayas terminado de leer el libro, te vas a sorprender.

Compártelo conmigo: moisesnava@me.com

"Para el mediocre, la mediocridad parece una meta"
Moisés Nava Falcón

Capítulo 1

UN ESTILO DE VIDA DEL MONTÓN

¿Eres del montón?

Regresando a la definición de la palabra mediocridad, deberíamos primero definir qué es ser de la media, del promedio y en qué ámbito. ¿No crees?

Si nos enfocamos en ingresos anuales, nos vamos a encontrar discrepancias muy grandes a través de las fronteras, por ejemplo en México al momento de escribir estas líneas está calculado que el ingreso promedio anual es de poco menos de 9000 dólares, mientras que en EE. UU. Está en alrededor de 65000 dólares. Y eso es lo malo de los índices que únicamente ven un aspecto o una parte específica de la información, no hay uno solo que vea el nivel de comercio informal, evasión fiscal, calidad de vida, precios de los productos o de la vivienda, y como de esto no trata el libro únicamente lo menciono y no me meto a ver datos y números duros que ni a ti te interesan tampoco.

Te podría decir que es la clase media de un país en específico o te podría poner parámetros distintos, pero el tema va más allá porque no importa cuanto ganes si tienes una mentalidad mediocre, puedes ganar mucho dinero y seguir siendo del montón.

He platicado con mucha gente que cree que sale o sobresale de la media porque gana más dinero que la gente con la que se compara, sin embargo, si esa gente con la que se compara con alguien de menor ingreso entonces también ellos estarían sobresaliendo de la media. Es como decir que una persona de un metro setenta se siente alto cuando se compara con alguien de un metro sesenta, pero esa persona también resultará alta si se compara con alguien de un metro cincuenta. Siempre y cuando no se fijen en alguien que mide un metro ochenta.

En mi ejemplo el enfoque está en la altura así como la gente que se cree sobresaliente su enfoque está solo en el dinero que gana, o en el coche. Mas no se da cuenta de que vive la misma vida que las personas con las que se compara.

Un día platicando con un amigo me preguntó que cómo veía yo el que conforme empiezas a ganar más vas aumentando tu estilo de vida, y hasta ese día no me había fijado en cómo en mi propia vida a través del tiempo y de cómo empecé a ganar más dinero iba aumentando mis gastos, sin aumentar mi calidad de vida. Más comidas en restaurantes, mejor carro, mejor casa, mejores viajes, hasta te diría mayores despilfarros en tonterías. Ahí entendí el mayor problema de la mediocridad.

Sin importar cuánto ganas, te mantienes en el límite de esa vida, deseando lo que no tienes, entonces te arriesgas para tenerlo. Por ejemplo, quieres el auto nuevo de marca *premium* y te endeudas, quieres el viaje, la ropa, el reloj, el regalo, y te endeudas. Tienes tarjetas de crédito, crédito de automóvil, hipoteca en tu casa y no te alcanza el dinero, pero mientras empiezas a ganar más, gastas más, por ende tu estilo de vida sigue siendo el mismo. Estás igual de endeudado que antes, sigues contando las monedas a final de mes para llegar a cubrir tus gastos y tus pagos, tienes el mismo nivel de estrés, pero te sientes contento porque ya manejas un Mercedes en vez de un Kia.

Quizá el ejemplo no aplique exactamente a ti, pero sabes que entre más ganas más gastas y al final siempre estás tratando de hacer que las cuentas salgan a final de mes, a final de semana, a final de año.

Lo que quiero que quede claro aquí es que si estás cambiando tu preciado tiempo por dinero, vives igual que la gran mayoría de la gente por más que vivas en mejor zona, manejes un mejor auto y vacaciones en el extranjero. Tu vida es igual de mediocre que la de los demás.

No es tu culpa tener el estilo de vida que tienes, porque al final seguiste los pasos que todo mundo seguía, los consejos que la gran mayoría siguió, creíste en el sueño de tener un buen trabajo, con un buen sueldo con posibilidades de crecimiento, aumentos salariales, primas vacacionales, prestaciones, y oficina con ventana. Lo malo es que la gran mayoría de la gente que sigue este camino termina disfrutando la vida cuando se retira, habiendo cambiado su tiempo por todo lo demás.

Si te das cuenta de que vas por este camino y pensaste en cambiar ciertas cosas de tu vida, empezar un negocio, tener inversiones, y te estás limitando por tus responsabilidades familiares, con el banco, con la empresa, también es normal, la gran mayoría de la gente empieza con sueños de libertad económica a los cuarenta o alrededor de esa edad. Es una edad curiosa porque te das cuenta de que ese trabajo temporal que tomaste en lo que encontrabas tu verdadera vocación ya no es temporal, tuviste hijos, te casaste, aumentaron tus responsabilidades y hoy estás atorado en ese círculo vicioso donde vive la gran mayoría de vivir para trabajar, trabajar para pagar, cambiando ese recurso, el único recurso que no puedes comprar o volver a adquirir, que es tu tiempo.

El tiempo cada vez pasa más rápido, entre más años de vida tienes, sientes que los días, las semanas y los meses pasan cada vez más rápido y tiene que ver con tu nivel de responsabilidades, tus múltiples actividades, tus presiones y tu estrés, pero no solo eso, sino que a diario recibimos una cantidad impresionante de información. Hoy recibes más información en un día que lo que la media de la población recibía en un año en el siglo pasado.

También de acuerdo a diferentes estudios psicológicos se ha llegado a la conclusión de que la percepción del tiempo está ligada a la edad y el porcentaje de vida que ese lapso de tiempo signifique, por ejemplo para un niño de cinco años, un año de vida es una quinta parte de su vida o el 20 %, y para una persona de cincuenta años de edad, un año representa solamente el dos por ciento, por eso para la persona de cincuenta, un año de vida se le hace mucho más rápido que para el niño de cinco años. Esto sin meternos en temas de responsabilidades, actividades, estrés y demás factores que una persona de cincuenta pueda tener en su día a día.

Por esa misma razón si no escoges correctamente la información a la que le pones atención puedes pasar días enteros como *zombie* solamente viendo tu dispositivo, de hecho la gran mayoría de la gente pierde el tiempo, ese recurso tan preciado, todos los días en cosas de poca o cero trascendencia en sus vidas. Existen infinidad de distracciones hoy en día, unas de obvia irrelevancia para tus resultados, como los juegos de video, o las series de Netflix, pero hay otras distracciones disfrazadas de actividades productivas como las noticias. Es bueno estar informado y al día en lo que está pasando en el mundo, pero hay personas que abusan y son adictas a las noticias.

La sociedad nos ha hecho creer que el estar ocupado es sinónimo de ser productivo, y lo ves a diario en gente ocupada solamente en estar ocupada sin hacer avances importantes en sus vidas o en sus empleos y cuando uno es empleado no necesitas dar el 100 % porque mientras no hagas algo muy malo, seguirás percibiendo ese sueldo.

Si eres emprendedor y trabajas en tu negocio, estás incluso más comprometido con tu trabajo, sientes que trabajas para ti, pero la verdad es que sigues cambiando tiempo por dinero, sin importar cuanto dinero ganes, porque al final lo que más vale es tener la libertad de decidir en que usar tu tiempo, con quien y haciendo lo que tú decidas hacer con él, tener libertad económica en donde tengas la capacidad de decidir siempre. Mucha gente vive en el engaño que tener su propio negocio es el camino para la libertad financiera, pero se quedan en el autoempleo y no brincan a ser dueños de negocio, desarrollándose como tal y con metas claras de crecimiento tanto del negocio como personales.

Muy poca gente vive unos años por abajo de su nivel de ingresos, ahorra para invertir y no para gastar, sacrifica para después salir de ese círculo vicioso. El problema es que nadie nos enseña cómo funciona, no hay una materia que se llame "vida" y que te dé pasos a seguir para poder tener libertad financiera, eso lo averigua cada quien. Es muy diferente saber, escuchar o leer a ser y hasta que no eres o en otras palabras hasta que no tienes la experiencia de vivir no puedes decir qué sabes de la vida. Si no has sido exitoso, no puedes saber que lleva a una persona a ser exitosa. Por ejemplo puedes leer todos los libros sobre aviación que encuentres, puedes tomar todos los cursos existentes, y me podrías decir que sabes todo lo que hay que saber en términos de pilotear un avión, pero hasta que no te sientas en una cabina y despegas no te puedes llamar piloto, lo mismo con cualquier actividad que se te ocurra, no sabes lo que es nadar hasta que entras en una alberca, lago o mar y te mueves por el agua. El mejor ejemplo que se me ocurre es ser feliz, no es una meta, es una forma de ser, y no sabes lo que es hasta que no lo eres, tendríamos también que definir que es felicidad, pero todo a su paso.

Un tema que la gran mayoría de la gente deja de lado es hacer lo que te llena, aquello que no solo te da para comer y poner un techo sobre tu cabeza y los tuyos sino aquellas actividades que haces con gusto, que te apasionan y que encima dejan algo para los demás o para el mundo. Una gran pregunta, más adelante en el libro hablaremos de la importancia de las preguntas que estás dispuesto a hacerte o a escuchar de terceros, una gran pregunta que todo humano consiente debe hacerse es:

Si fueras a ganar lo mismo que ganas actualmente haciendo cualquier actividad que quisieras, ¿qué actividad sería?

Vale la pena pensar muy dentro de ti tu respuesta a esa pregunta porque te puede decir mucho de ti, ahora hazte otra incluso más profunda:

¿Si el dinero no importara, es decir tus necesidades serían cubiertas por completo, a que te dedicarías?

Piensa muy bien la pregunta y si sientes el impulso por decir algo como, me dedicaría a viajar, o me dedicaría a jugar al golf, quizá lo harías por una temporada, pero a la larga tu vida estaría vacía y regresarías a buscar significado en lo que haces. Verás que mediocridad es vivir como la gran mayoría de la gente y no importa a qué te dediques o cómo vivas, tampoco cuánto dinero ganes porque al final el éxito es personal, y no debería estar limitado a una lista de supermercado o a un menú de dónde escoger. Algo muy importante que me gustaría recalcar aquí es que afectaciones como la depresión y el estrés encuentran su causa en situaciones de vida, casi tanto como en genética y química. Con la gran diferencia de que tu situación de vida es una decisión.

Mi intención con este libro es dejar una guía práctica de cómo ser mediocre en la vida, y al hacerte ver las razones por las cuales la gente vive en el promedio, puedas tener ese entendimiento de cómo salir de tu propia mediocridad o quizá eres de los mediocres empedernidos y la defiendes.

Si ese es el caso me gustaría lo hagas con el entendimiento de que lo estás haciendo por decisión propia y no como el resto de la gente que le echa la culpa a todo menos a sus acciones y comportamientos. Más adelante te explico el tema de la culpa más a fondo, por ahora déjame contarte una historia, de cómo empecé a descubrir que algo no estaba bien con el sistema y con la sociedad:

"Mi papá me quería programar para ser mediocre"

Mi padre, Rosendo Nava Perea, fue una gran persona y siempre lo voy a ver como un ejemplo a seguir, un gran líder, muy inteligente, pero creo que uno de sus mayores atributos es que siempre pensó y actuó fuera de la norma.

Mi papá venía de orígenes muy humildes, y desde muy niño tenía el sueño de hacer fortuna, él quería dinero e iba a como diera lugar a lograr su cometido. Mi abuelo trabajaba en Talleres de la Nación, una fundición de monotipo para imprenta, para que te des una idea del tipo de familia de la que venía, un ingreso de clase trabajadora.

Mi papá siendo rebelde desde chico, y nunca habiendo tenido ningún gusto ni pasión por la escuela, se escapó de su casa y consiguió cruzar a EE. UU. ¿Pero te acuerdas que te conté que no pensaba como la media? En vez de conseguir empleo y empezar una vida, él tenía un plan, se metió al ejército, porque cuando sales del ejército puedes conseguir mejor trabajo. Así que estuvo tres años en el ejército y dos de ellos en Japón, donde estuvo involucrado en comunicaciones, en aquel entonces esto era a través de teletipo.

Resulta que mientras estaba en el ejército tenía un pequeño negocio de lado. A los militares les venden todo lo de primera necesidad a costo y el ejército tiene una tienda interna. Mi papá compraba en la tienda a costo y lo vendía fuera de la base, así empezando a ahorrar para seguir con su sueño de tener dinero. Lo malo es que esta actividad no era del todo legal y sus últimos seis meses en la base ya no lo dejaron salir, pero esa es otra historia.

Cuando lo dan de baja honorablemente del ejército, empieza a buscar trabajo y encontró que la marina mercante era una de las mejores opciones porque no necesitaba gastar en nada, todo lo que ganaba lo ahorraba. Y mi papá con su misión muy presente trabajaba tres turnos, me contaba que de repente se dormía parado en las bodegas de los barcos entre turnos.

Regresó a San Francisco y siempre buscó trabajo donde no tenía que gastar mucho, siempre me decía que lo principal era que te dieran de comer porque ya no gastabas en eso, después que te dieran donde dormir. Tuvo muchos trabajos, en una fábrica de cromado, de *bartender* en Reno, hasta que llegó el día donde había juntado suficiente dinero para poner su primer negocio, ahí es donde mi abuelo lo convence de regresarse a México y poner una fundición de monotipo, en ese momento era muy buen negocio pues había muy pocas.

Trabajó años en su propio negocio, hasta alcanzar eso que todos queremos, que es: tener libertad financiera, libertad de decisión, libertad de tiempo, sacrificó algunos años de su vida pero siempre con una meta fija. Y esto no quiere decir que dejó de trabajar, pero dejó de depender de un trabajo, siguió invirtiendo en otras cosas y supervisando su negocio, siempre pensando fuera de la norma, hasta que alcanzó estabilidad.

Y aquí es donde se pone interesante la cosa, porque cuando yo nací mi papá ya tenía estabilidad económica, ya tenía libertad, pasaba mucho tiempo conmigo y por eso estoy muy agradecido. Pero resulta que mi papá logró su libertad económica por pensar diferente a la media, por arriesgar, y planear y hacer las cosas diferente a como las hace todo mundo, pero a mí me educó dentro de esa estabilidad. Mi papá no terminó la secundaria, sin embargo, para él era importante que yo tuviera una carrera universitaria, quería que tuviera buenas calificaciones y cada vez que venía yo a presentarle una idea de negocio, me decía que no valía la pena.

Puse mi primer restaurante cuando estaba en la universidad y mi papá para probar su punto de que no valía la pena, nunca fue. Después vine con ideas de negocio de bienes raíces, y de muchísimas cosas, creo me pegó la cosquillas de querer hacer dinero, pero lo curioso es que siempre me aconsejó por la media, por lo seguro, por la estabilidad.

Terminando la universidad, me fui de mi casa, a Cozumel, quería perseguir mi sueño de vivir en el Caribe, siendo instructor de buceo y en ese momento guía de cuevas quería explorar todo lo que hubiera bajo el agua, mi papá no estaba del todo contento, pero creo que ahí se dio cuenta de que yo necesitaba aventura y hacer las cosas diferentes, por lo cual me apoyó hasta el día que tuve una enfermedad por descompresión y como no podía bucear, por ende trabajar, en tres meses me regresé a Ciudad de México donde nuevamente mi papá en su mentalidad mediocre me recomendó conseguir un trabajo y empezar la maestría, y así lo hice.

En la maestría estaba rodeado de gente capaz, gente trabajadora, todos con sueños de grandeza, en sus empresas o en sus negocios familiares, pero todos eran justo lo que yo no quería ser en la vida, encerrados en oficinas o fabricas, trabajando diez horas al día, cambiando tiempo por dinero, creo es la primera vez que vi en los ojos de mis compañeros cómo vivían dormidos al volante, buscando otro título, otra certificación con la esperanza de tener mejor trabajo, ganar más lana, pero seguir metiendo cada vez más a ese círculo vicioso de la mediocridad.

Afortunadamente mi papá, que tenía más colmillo que cualquiera y me conocía incluso mejor que lo que yo me conocía, me presentó un recorte de periódico en donde necesitaban tripulación para un velero tipo fragata de tres palos que iba a dar la vuelta al mundo durante un año, dejé la maestría, dejé la estabilidad y el confort y creo que ahí empezó mi vida fuera de la media.

¡Gracias, pa!

En esta historia te presento cómo una persona que hizo todo diferente, al alcanzar una cierta estabilidad regresó a creer en lo que la sociedad nos ha hecho creer, y trató de convencerme de que yo viviera esa versión de vida también, estamos programados para vivir de una manera en específico tanto que incluso cuando hacemos nuestra vida diferente nuestro mejor consejo para cualquiera es hacer la vida fácil, la vida de la norma, la vida estable dentro de una zona de confort virtual, y no me refiero a virtual como digital, es virtual porque la zona de confort no es cómoda.

Una ley biológica hace que todos los miembros del reino animal persigan dos cosas por instinto, buscar placer y alejarse lo más posible del dolor.

La gente que te quiere proteger siempre te va a aconsejar por la estabilidad, lo fácil, el menor riesgo. Si yo le preguntara a mi papá como escalar una montaña, me hubiera aconsejado hacerlo por el elevador, al no haber elevador me aconsejaría por las escaleras, por el camino más fácil.

Es por eso que cuando tienes un sueño y buscas consejo entre tu círculo cercano, el consejo siempre va hacia la estabilidad, hacia el poco riesgo, hacia el camino recorrido, hacia los miedos, hacia la norma, hacia la mediocridad.

El ser del montón en pocas palabras es seguir un modelo de vida prefabricado, precocido, prearmado, un libro ya escrito en el cual solo tienes que poner tu nombre en el lugar de protagonista.

Tu vida es un libro en blanco, donde puedes escribir lo que quieras, es una película en donde no nada más eres el protagonista, sino el escritor, el director y el productor al mismo tiempo.

La sociedad, tus padres, tus amigos alimentan tu mediocridad, y tu mediocridad te hace pensar que quedarte donde estás por más problemas que tengas es lo más fácil, lo que tu mediocridad no sabe es que el camino fácil es el más difícil a la larga. Tu mediocridad está gorda porque el comer lo que encuentra es más fácil que pensar en comer lo que te nutre, la comida que no está procesada no es tan rica y llena de satisfacción como la comida ultraprocesada y llena de sabores y texturas. Tu mediocridad hace el mínimo de ejercicio para convencerse de que lo hace, pero montarse en la caminadora en la menor velocidad por veinte minutos mientras checas tus redes sociales no te va a traer el cuerpo atlético que algún día pensaste que podías tener, sigues alimentando tus emociones negativas al seguir queriendo ese cuerpo sin hacerlo, tu mediocridad te pone el traje de víctima porque ahí le gusta estar, pues eso es más fácil que hacer el trabajo de comer bien y hacer ejercicio, ¿o no?

Todos los organismos en este planeta incluyendo a los humanos se rigen por dos funciones principales: alejarse del dolor y buscar placer y esto es lo que alimenta tu mente mediocre.

Puntos clave del capítulo:

- La sociedad busca que vivas como vive la mayoría.
- La sociedad te aconseja quedarte en la norma.

- Hasta la gente que hace las cosas diferentes te va a aconsejar quedarte en la norma.
- La magia está fuera de la estabilidad, fuera del confort.
- Hasta teniendo un negocio propio, sí cambias tiempo por dinero estás dentro del círculo vicioso social.
- Tu entorno te programa a ser mediocre.
- Tus sueños de niño siguen ahí, búscalos
- La mediocridad es ser del montón.
- Tu vida es un libro en blanco que puedes escribir.

Capítulo 2

LA MENTE MEDIOCRE

"Ninguna persona es mediocre, solamente hay personas que deciden tener una vida mediocre"
Christian Simpson

La psicología humana es un tema muy complejo, y aun en nuestros tiempos continúa siendo en parte un misterio, y mucho tiene que ver que estamos armados de la misma manera, tenemos el mismo *hardware* , pero la programación de cada humano cambia de acuerdo a sus experiencias y emociones. El entorno juega un papel importante en esa programación también. Y lo mejor de todos es que no es estático a través de tu vida tu psicología va cambiando constantemente de acuerdo a la continua exposición a emociones y experiencias.

Por psicología me refiero a los procesos mentales, a las sensaciones, percepciones y comportamientos en general y su relación con el medio ambiente físico y social que lo rodea.

La mayor parte de las personas se creen seres racionales, pero si pudiéramos sacar una radiografía de su toma de decisiones habitual nos daríamos cuenta de que la mayor parte del tiempo no actúan de manera lógica, y esto se debe a que el comportamiento humano depende también de emociones, interacciones sociales, e instintos básicos.

A mí me gusta mucho comparar la mente humana con una computadora porque todos entendemos el lenguaje, pero somos mucho más complejos que cualquier computadora o máquina.

La mente humana, esa herramienta única causante de todo lo que ves hecho por el hombre, la ropa que usas, las carreteras, los automóviles, los aviones, los libros, todo partió de una idea. Nada de lo que el humano ha creado, se creó sin habitar primero en la mente de alguien.

La mente es el conjunto de capacidades cognitivas que engloban procesos como la percepción, el pensamiento, la conciencia, la memoria, el lenguaje, la voluntad, la intencionalidad, las emociones, imaginación, etc. La mente surge de la interacción y se comporta como un intermediario, dejándonos percibir el medio externo y el medio interno, la mente depende del contexto fisiológico, así como depende del contexto social-cultural.

La mente no es cerebro, aunque la actividad cerebral nos provee de la mente, se puede decir que la mente utiliza al cerebro y el cerebro responde ante los estímulos de la mente. El cerebro es un órgano que rige todas nuestras funciones vitales, monitorea y regula la relación con nuestro mundo exterior e interior. La mente es lo más propio que tenemos, única e intransferible.

La mente tiene dos procesos y operaciones principales, la mente consciente y la mente inconsciente. La primera es como el nombre lo dice, consciente de lo que le está sucediendo, de esas interacciones constantes con el medio y la percepción del medio es a través de los cinco sentidos. La mente inconsciente es la que rige las funciones fisiológicas del cuerpo en automático y además se entrena a través de estímulos sociales, familiares y situaciones para generar una cierta programación de la cual vamos a estar hablando todo a lo largo del libro, pero en este capítulo quiero hacer hincapié en esa cierta programación que mantiene a la gran mayoría de la gente como a la gran mayoría de la gente. La mente inconsciente alberga todo lo que has experimentado a través de tu vida, tiene una capacidad mucho mayor que la mente consciente y por eso esta depende del inconsciente para actividades habituales, para no sobrecargar tu sistema operativo.

Tu mente y la mía fueron creadas para un mundo que ya no existe y si bien hemos evolucionado mucho, el medio ha evolucionado mucho más rápido que la mente humana.

Los restos humanos más recientes encontrados, se conocen como *Homo sapiens sapiens*, se aproximó que tienen doscientos mil años. Estos son los primeros humanos que tienen un cerebro relativamente similar al nuestro. En particular el neocórtex, el área con más evolución del cerebro y también la más nueva y la región responsable de funciones superiores como el lenguaje. Imagínate que hace doscientos mil años esa parte del cerebro era en promedio del mismo tamaño de lo que es hoy. Lo que quiere decir que hoy en tu cabeza básicamente tienes el mismo *hardware* que tus ancestros en la era paleolítica.

Si comparas la edad de tu cerebro con el medio ambiente moderno, la sociedad es bastante nueva en comparación. Y la mayor diferencia es que tenemos apenas aproximadamente quinientos años que la sociedad empezó a cambiar a un ambiente de recompensa retardada.

Tus ancestros paleolíticos (y los míos) vivían en lo que los científicos determinan como un ambiente de recompensa inmediata, esto quiere decir que tus acciones al instante entregan resultados inmediatos. Por ejemplo si tenían hambre comían, frío se tapaban, sexo, calor, sueño. Muy parecido a un animal salvaje quien hace lo que quiere en el momento que lo quiere o un bebé que también quiere lo que quiere al momento y te lo deja saber porque no parará de llorar hasta que se lo des.

El mundo actual es uno de recompensa retardada, la mayor parte de las decisiones que tomas hoy no te benefician inmediatamente. Si haces un buen trabajo en la oficina hoy, vas a recibir tu sueldo hasta la quincena. Si ahorras hoy, vas a tener dinero para invertir o gastar en el futuro. Si no te comes la dona hoy, o si vas al gimnasio, no tendrás el cuerpo que buscas hasta dentro de unos meses o años. Muchos aspectos de la sociedad moderna están diseñados para retrasar las recompensas hasta algún punto en el futuro.

Este es el caso de tus problemas también, tus mayores preocupaciones son de eventos en el futuro ya sea cercano o lejano, y esto lamentablemente tiende a llevar a mucha gente a padecer estrés, ansiedad y depresión crónica, la única razón es que la mente no fue diseñada o no ha evolucionado para resolver problemas en un ambiente de recompensa retardada.

En los últimos cien años vivimos la invención de mucho de lo que le da forma a nuestra forma de vida hoy, como el automóvil, la televisión, los celulares, las computadoras, el internet y hasta el horrible reggaetón. Ahora compara doscientos mil años de que la mente humana moderna fue creada, a los últimos cien años.

Por ejemplo después de pasar tantos años de cacería y recolección a la intemperie, la mente humana evoluciono para poner un valor muy alto en la sal, el azúcar y la grasa. Estos alimentos son muy densos en calorías, nuestros ancestros sí se encontraban con este tipo de comida lo consumían sin límite porque era escaso. Hoy en día nos encontramos en un mundo donde no solo abunda sino que es todo lo que buscamos comer, la dificultad constante de mucha gente para controlar su peso es esta programación paleolítica, y es lo que utiliza la industria alimenticia abusando de nuestros instintos ancestrales. Si no sabías de dónde o cuándo ibas a volver a comer, la mejor estrategia para sobrevivir era la de comer lo más que pudieras cuando tenías la oportunidad, hoy esta ya no es la mejor estrategia para tu salud, sin embargo, solamente algunas personas pueden controlar esos antojos.

Otra de las programaciones ancestrales de la mente es la de buscar placer y evitar el dolor. Esto explica muchos de los comportamientos humanos, si una comida es rica en sabor y textura, buscas comer más porque te produce placer, así con el dolor, si tienes frío buscas dejar de tenerlo abrigándote, si tienes mucho calor lo mismo, si algo quema instintivamente quitas la mano, si algo se siente bien al tacto dejas la mano, como acariciar una mascota. Esta parte de la programación es la base de la mente mediocre, estando frente a dos posibilidades diferentes, siempre vas a escoger la más fácil.

El camino de menor resistencia. Los atajos de la mente.

"No mates tus sueños de lo que de verdad quieres por lo que quieres hoy"

Tu vida está llena de decisiones diarias, todo depende de lo que decides hacer en el momento, desde decidir levantarte de la cama, lavarte los dientes, hasta decisiones más complejas, la importancia de la toma de decisiones es tan importante que creo es la herramienta básica para llegar a tener éxito en lo que desees, sin embargo, en ningún lugar se nos enseña como decidir de la mejor manera, o de como decidir.

La mente humana en su constante búsqueda por evitar el dolor y buscar el placer, cuando confrontado con una decisión buscará el camino de menor resistencia, lo que cueste menos trabajo o lo que me traiga la recompensa más rápido. La razón principal de que exista eso a lo que yo llamo la mente mediocre es siempre buscar la recompensa inmediata en vez de esperar la recompensa mayor. El mantenerte en mediocridad es el camino más fácil, es el camino cómodo y el de menor resistencia.

Los ríos siguen el camino de menor resistencia, donde el terreno es más complicado para erosionarlo lo evitan, es por ello que se van formando curvas y depósitos, es por ello que se forman lagos, y es por ello que si ves un río desde el aire tienen esas formas tan atractivas a la vista. Donde hay mayor gravedad bajan más rápido donde hay menor resistencia crecen, donde hay mayor resistencia lo evitan, al final el agua se deja llevar por el medio. Si pudiéramos comparar a los ríos con personas, aquella persona que alcanza altos niveles de éxito sería un río que en su mayoría iría recto hacia el mar. Este río hubiera erosionado los obstáculos que se le interpusieran porque su camino y su dirección son intencionales.

La mayor parte de la gente la mayor parte del tiempo tiene una conducta automática, estereotipada ya que en muchos casos es la manera más eficiente de comportarse. Vivimos en un entorno extraordinariamente complicado; probablemente el más complejo y de más rápida evolución que haya existido. Para poder movernos en este ambiente de manera fluida es indispensable tener atajos, no es posible que identifiquemos y analicemos todos los aspectos de cada una de las personas, acontecimientos y situaciones con que nos enfrentamos a diario; no tendríamos tiempo suficiente, ni energía, ni la capacidad para hacerlo.

En vez de ello, debemos recurrir muy a menudo a nuestros estereotipos, a nuestras reglas empíricas, para clasificar las cosas de acuerdo con unas pocas características clave y reaccionar sin pararnos a pensar si está presente uno u otro. De los factores desencadenantes. En ocasiones la reacción no será la apropiada para la situación, porque ni siquiera los mejores estereotipos y factores desencadenantes funcionan el cien por ciento de las veces. Debemos aceptar sus imperfecciones porque no tenemos elección. Sin estos factores nos quedaríamos paralizados catalogando, valorando y calibrando en lo que el momento de acción se pasa. Y conforme los estímulos que saturan tu vida se hacen más complejos y variables, confiarás más en estos estereotipos incluso en mayor medida que ahora y dependerás más de los atajos que seas capaz de encontrar para manejar esos estímulos.

Estos atajos mentales si bien te sirven excelentemente para moverte por este entorno en el que vives, al mismo tiempo es la manera en como la mente mediocre te mantiene o se mantiene donde está.

No puedes llegar a un futuro deseado, sin cambiar el cómo respondes a estímulos, al final del día ya tienes una cierta programación mental, ciertas verdades tuyas, creencias, estereotipos, paradigmas, los cuales accionen los atajos automáticos.

Piensa que eres tres personas: tu persona presente, tu persona pasada y tu persona futura. Tu persona pasada solo nos sirve para darle contexto a las otras dos porque sin importar lo que hagas hoy o mañana, tu persona pasada no va a cambiar. Aunque la gran mayoría de la gente se ve como su persona pasada, no eres quien eras hace cinco o diez años, mucho ha cambiado empezando por como te ves en el espejo, el tiempo no perdona, pero si sigues teniendo los mismos atajos, y el mismo tipo de comportamientos en respuesta automática podremos entonces entender que tu mente mediocre está a cargo de tu evolución. Tu persona futura es aquella persona que quieres ser, y las posibilidades son ilimitadas, y si al escuchar ilimitadas inmediatamente escuchaste una pequeña voz dentro de tu cabeza que te dijo algunos de los límites, esa es tu mente mediocre.

Tu persona futura se puede poner las metas que decida, desde un exitoso negocio, familia, vida social, hasta actividades como escalar una montaña o correr un maratón. Tu persona futura puede lograr todo aquello que has querido en la vida, el gran problema de tu persona futura es que tiene un enemigo, un gran enemigo que le sigue saboteando la vida, no porque quiera sino porque es adicta a la satisfacción inmediata. Esa parte de tu mente paleolítica que todavía se cree en un ambiente de recompensa inmediata.

Tu persona presente puede ser tu mejor amiga o tu peor enemiga, la diferencia está en tu perspectiva de lo que quieres que tu persona futura sea.

El círculo de dopamina

La dopamina es un neurotransmisor.

En 1954 Los neurocientíficos James Olds y Peter Milner realizaron un experimento que comprobó los procesos neurológicos del deseo y del antojo. Implantaron electrodos en los cerebros de ratas de laboratorio y bloquearon la secreción de dopamina. Las ratas perdieron toda intención de vivir, no comían, no tenían sexo, básicamente no tenían antojo de nada, a los pocos días los animales se morirían por deshidratación.

En otro estudio con las mismas características del anterior, les dieron a las ratas azúcar directamente en la boca. La cara de las ratas cambió, abrieron más los ojos, sentían placer, les seguía gustando el azúcar, pero ya no la querían, la habilidad de sentir placer persistía, pero sin dopamina el deseo ya no estaba ahí y sin deseo la acción de buscar el placer no existía.

En otro estudio subsecuente, los investigadores revirtieron el proceso, e inundaron el sistema de recompensa con dopamina cuando los animales hacían alguna actividad. Por ejemplo en un estudio a pequeños ratones de laboratorio se les daba una carga de dopamina cada vez que metían su nariz en una caja, en minutos el antojo del placer de la dopamina era tan fuerte que podían meter la nariz ochocientas veces por hora.

¿Te suena conocido?

Todo comportamiento que se programa como respuesta habitual a estímulos esta basada en la entrega de dopamina al cerebro. Desde las más básicas como el tener sexo, comer, interactuar socialmente, descansar, hasta más complejas inventadas en la sociedad moderna como las drogas, la comida chatarra, los videojuegos, las redes sociales.

Por años los científicos pensaron que la dopamina era únicamente acerca del placer en el momento, pero hoy se sabe que juega un papel muy importante en otros procesos neuronales como la motivación para actuar, el aprender y memorizar, el sentir castigo y aversión.

El solo hecho de esperar la recompensa genera una alza de dopamina, como cuando ves las donas, decides comprarla, te la están poniendo en una bolsa, te la entregan y durante todo este proceso te estás imaginando lo bien que sabe, lo mucho que la vas a disfrutar, y cuando te la comes no es todo lo que esperabas, pero te emociona el saber que te vas a comprar otra de otro sabor y esta si la vas a disfrutar como esperas y nuevamente pasas por todo el proceso. Lo que está pasando en este ejemplo es que la anticipación de la recompensa o del placer produce más dopamina que la recompensa. Esto te hace levantarte de donde estés, caminar tres cuadras e ir a comprar la dona.

Se ha encontrado que los adictos a las apuestas reciben la mayor cantidad de dopamina cuando ponen la apuesta y no cuando ganan, lo mismo ocurre con los adictos a la cocaína cuando reciben la carga de dopamina al ver el polvo blanco y no cuando se lo toman, y, curiosamente hablando, de polvo blanco lo mismo ocurre con el azúcar. Cuando predices que una oportunidad te va a traer una recompensa satisfactoria tus niveles de dopamina se incrementan en anticipación y cuando esto ocurre suben tus niveles de motivación para actuar.

Los psicólogos han descubierto recientemente una serie de atajos mentales que empleamos en nuestros juicios cotidianos, se les ha denominado criterios heurísticos, que funcionan de acuerdo a reglas dentro de nuestra mente, constituyen un método simplificado para adoptar decisiones que dan buenos resultados la mayor parte del tiempo, pero te deja desamparado ante posibles equivocaciones ocasionales de graves consecuencias. Estas reglas son tan básicas como seguir el consejo de un experto en algún tema específico. Hay una tendencia en nuestra sociedad a aceptar irreflexivamente lo que dicen e indican individuos que aparentemente son autoridades en su materia.

En lugar de analizar los argumentos del experto para convencernos o no. Frecuentemente dejamos de lado esos argumentos y permitimos que sea el supuesto prestigio del experto como tal que nos convenza.

Esta tendencia a responder de manera mecánica o automática a una parte de la información en una situación específica es a lo que se le denomina respuesta automática. Ahora que si se lleva a cabo un análisis completo de la información antes de responder, esto se denomina respuesta controlada (Shiffrin y Schneider 1977)

Respuesta automática

Vimos con anterioridad como el subconsciente de cualquier persona es programada naturalmente con límites, reglas, sociedad, escuela, y comportamientos o respuestas habituales, estereotípicas a estímulos, esto ha generado un sistema de creencias y para liberar a la mente consciente de la toma de decisiones en la mayoría de los casos respondemos de manera automática, una reacción a una situación similar a una ya vivida con anterioridad.

Pero hay otro tipo de respuesta automática y diferentes psicólogos a través del tiempo descubrieron el poder que tiene el principio de la coherencia en las acciones y decisiones de la gente. Según León Festinger en 1957 el deseo de la coherencia es el motivador central del comportamiento humano.

El ser coherente es considerado un atributo en las personas, si cambias de parecer constantemente y tomas decisiones sin algún patrón, o si eres de las personas sumamente influenciables en la toma de decisiones se te tachará de débil de voluntad, de indeciso, de superficial. Si eres de las personas que sus creencias y sus palabras no concuerdan con sus acciones se te considera falsa, o confusa. Y un alto grado de coherencia se va a asociar a una gran fuerza personal e intelectual. Una persona que habla y actúa de la misma manera, se le considera racional, lógica, estable y honesta.

La coherencia personal se valora mucho en nuestra sociedad, proporciona una razonable y lógica orientación en el mundo. En la mayor parte de situaciones nos irá mejor si nuestros planteamientos de las cosas son coherentes, de lo contrario la vida sería más difícil, más errática, más desconectada.

Pero ojo porque es tan fuerte la tendencia humana de querer parecer y ser coherente, que somos esclavos de acciones que son incluso contrarias a nuestras metas o nuestros mejores intereses.

Cuando ya hemos tomado una decisión es más fácil adherirnos a la coherencia y permanecer con esa creencia, es parte del camino de menor resistencia, Ya decidí una vez ya no tengo que seguir decidiendo. Si ya decidí que algo es positivo o negativo, ya no tengo que seguir sopesando lo bueno o lo malo respecto a esa situación.

La coherencia nos permite disponer de un método cómodo, fácil y eficaz para enfrentarnos a complejidades de la vida diaria que exigen un considerable gasto de energía y capacidad mental. Entonces la respuesta automática coherente es una reacción difícil de reprimir. Ofrece un modo de evadir los rigores de la reflexión constante.

A la mente mediocre le gusta el camino fácil, el pensar es mucho trabajo. La respuesta automática es la manera de poder dejar de pensar constantemente.

"A la gente no le gusta pensar, aquel que piensa tiene que generar conclusiones y las conclusiones no siempre son placenteras".
Hellen Keller

La gente promedio no quiere enterarse de la verdad de las cosas, es mejor vivir en ese método de respuesta programado e irreflexivo el cual nos pone a salvo de realidades fastidiosas. Protegidos por una muralla de rígida coherencia seremos impermeables a la monserga de la razón.

Dos grandes psicólogos sociales, Moron Deutsch y Harold Gerard, llevaron a cabo un experimento donde a un grupo de estudiantes universitarios les pidieron hacer un cálculo mental aproximado de la longitud de una serie de líneas que les mostraron.

Parte de los estudiantes deberían escribir sus respuestas, firmar sus nombres y entregárselo al encargado del experimento.

Una segunda muestra de estudiantes anotaba su respuesta en privado sobre un pequeño pizarrón de mano y borrándola al terminar sin que nadie más la viera.

Un tercer grupo de estudiantes, solamente tenía que hacer el cálculo mental y acordarse de sus resultados.

Lo que estaban logrando los Investigadores era diferentes niveles de compromiso con las respuestas de los estudiantes en donde el primer grupo se comprometía públicamente, el segundo se comprometía en privado y solo con ellos mismos y el tercer grupo no tenía ningún compromiso comprobable con las respuestas.

A todos los estudiantes se les demostró que sus respuestas eran equivocadas sin diferencia de grupo. Después se les preguntó nuevamente dándoles la opción de cambiar sus respuestas si así lo deseaban. El tercer grupo que únicamente tenía respuestas mentales son los que menos problema tuvieron en cambiar sus respuestas. El segundo grupo con todo y que se había comprometido en condiciones de total anonimato, el puro hecho de hacer anotado su opinión inicial les hacía mantenerla y resistirse a la influencia de nuevos datos. Y los estudiantes que públicamente dejaron constancia de sus resultados originales, son los que trataron de comprobar que la nueva información era diferente o equivocada, no creyeron en la nueva información incluso siendo comprobada y aun así se negaban a cambiar sus respuestas.

En este estudio nos damos cuenta de que la coherencia se hace más fuerte dependiendo del nivel de compromiso que tengas con la decisión tomada.

El compromiso también tiene que ver con la identidad, si el ego es la manera en como te reconoces que eres tú, la identidad es la forma en como actúas para reconocerte que eres tú, por ejemplo, un apersona deportista se comporta de acuerdo a lo que las personas que son deportistas hacen. No le importará subir escaleras en vez de usar el elevador, a la hora de comer cuidará de su alimentación en torno a su deporte, vestirá de manera específica dando a entender su identidad deportiva. Por el contrario, quien tiene una identidad sedentaria será flojo a la hora de subir escaleras, la alimentación no representa una prioridad y se va por el sabor de la comida, incluso su vestimenta será adecuada a una persona que no hace deporte.

La identidad tiene muchísimas características, es en pocas palabras tu estilo de vida, y la manera en como ves que eres de acuerdo a ese estilo de vida. Tu mente siempre tratará de ser coherente con tu identidad, de lo contrario corre el riesgo de ya no reconocerse. Es por eso que es tan difícil cama ira de hábitos. El bebedor bebe, el fumador fuma, el flojo descansa, el trabajador trabaja, La intelectual, la deportista, la fashionista, la amigable, la enojona, y cualquier cantidad de características humanas que te puedas imaginar.

Como te ves, actúas y actúas coherentemente a cómo te ves o te identificas.

La mente mediocre utiliza respuestas automáticas en torno a tu identidad, el ser coherente es más fácil que tener que pensar cada una de nuestras decisiones.

La respuesta automática es un mecanismo de la mente para guardar parte de la capacidad cognitiva o ancho de banda para pensamientos más profundos, pero para la mente mediocre es el mecanismo para generar el hábito de no pensar y dejar que todo suceda en automático, por ende te mantienes en el *statu quo.*

Figuras de Autoridad (expertos)

Desde que nacemos se nos ha inculcado un respeto a la autoridad en primera instancia nuestros padres, quienes como ya vimos son los primeros que dan órdenes y ponen límites, también son nuestros ejemplos a seguir y aprendemos más de lo que vemos que de lo que se nos enseña, el querer aprender a caminar por ejemplo es querer ser y movernos como ellos. Después vienen los maestros, y básicamente los adultos. Y les tenemos respeto no solo por ser figuras de autoridad, sino que nuestros padres también inculcan ese respeto a los demás adultos a los maestros y en tercer término a servidores sociales como policías, bomberos, militares, etc. Dentro de los terceros a la que se nos enseña a tener respeto es al pediatra y al dentista. Como adultos nos damos cuenta de que es igualmente benéfico respetar la información proveniente de esa figuras aunque ahora sean empresarios, jueces y hasta líderes políticos. Pensamos que por sus cargos, tienen. Mayor acceso a la información y al poder, entonces es sensato atenerse a sus deseos, es tan sensato, que a menudo cometemos de esta forma verdaderas insensateces.

Se nos programa a través de mucha repetición e incluso castigos a obedecer, incluso se incorpora en las canciones y los versos en la escuela, está incorporado no solo en la sociedad civil sino en el sistema militar, legal y político. Si un policía te detiene en la calle, te detienes y lo escuchas, si un maestro te pide que hagas algo, lo haces. Si tus padres te dan una orden la acatas, pero esta programación también genera respuestas automáticas en donde la mente mediocre deja de pensar conscientemente y acata lo que las figuras de autoridad demandan.

Un sistema de autoridad jerárquico es una gran ventaja en una sociedad, Permite el desarrollo de estructuras complejas para la producción, optimización de recursos, comercio, defensa, crecimiento, expansión y control social. Así mismo la religión juega un papel importante en la programación de la sociedad a los premios por obediencia y castigos por desobediencia a la autoridad, sin importar las creencias y la religión específica.

El problema es que la figura de autoridad por más que sea un experto en su tema, no deja de ser humano y se puede equivocar, es por ello que acostumbramos en situaciones complejas de salud pedir segunda opinión a otro médico para poder estar seguros de que la decisión que tomemos en torno a algún posible tratamiento sea la mejor. Pero no siempre lo hacemos, es más fácil confiar en un "experto" comprometernos con la decisión basada en su opinión y después ya no preocuparnos por esa decisión, de lo que hablábamos en relación con la coherencia. Incluso si otro experto nos da una alternativa diferente o nos demuestra que la "experta" original está equivocada, la mente mediocre nos mantiene con la decisión ya tomada para mantener la coherencia.

Aprendemos a respetar a las figuras de autoridad y a respetar su opinión y sus consejos, como hemos visto con anterioridad este comportamiento se convierte en un hábito y se programa en nuestro inconsciente la manera en como tratamos a figuras que consideramos de autoridad. Pero algunas figuras de autoridad solo tienen autoridad en su área de experiencia, un médico con canas y bata blanca será una autoridad en su especialidad médica y nada más, pero el fenómeno de la respuesta automática hace que lo escuchemos incluso en consejos que no le competen, de matrimonio, de nutrición (este es típico, la mitad de médicos equivocan sus consejos de nutrición) de comportamiento, de deporte. Muchas veces solo es la manera en como vemos a una persona que la convertimos en figura de autoridad, sin necesariamente serlo.

Nuestra obediencia se produce a menudo de forma automática, no va precedida de una reflexión consciente. La información proveniente de una autoridad a la cual reconozcamos como autoridad es un atajo de la mente para decidir cómo actuar en situaciones determinadas.

Lo mejor y lo peor de la obediencia automática o ciega es que como no necesitamos pensar no pensamos, y aunque esta obediencia inconsciente muchas veces nos conduce a la acción a apropiada, hay muchas excepciones.

Es tal el sesgo cognitivo al tratar con figuras de autoridad que hasta la interacción social se ve influenciada, no tratamos igual a una persona que consideramos igual a nosotros que a una persona que está muy por encima en la escala socioeconómica.

En un experimento (R. Wilson, 1968) llevado a cabo con cinco grupos de universitarios australianos, se presentó a los estudiantes un visitante de la Universidad de Cambridge. Pero ante cada uno de los grupos se le atribuyó un puesto diferente: para un grupo era estudiante, para otro ayudante de laboratorio, profesor auxiliar, profesor titular y catedrático.

Al salir de cada salón de clases se les pedía a los alumnos que calcularan la estatura del visitante. Con cada incremento de categoría había un aumento en la percepción de estatura. Entre los del primer salón donde el visitante solamente era un estudiante, a los del último grupo en donde el visitante era un catedrático había más de cinco centímetros.

Esta es una de las influencias más fuertes también de la sociedad en la necesidad de buscar títulos y certificaciones, como si el puro hecho de tener unas letras antes o después del nombre hiciera a una mejor o peor persona, hay una cierta jerarquía social en donde inconscientemente le damos más valor a la persona que tienen mayor cantidad de títulos, no de logros. También este es uno de los problemas en el sistema educativo tradicional, más para la educación continua o de profesionales, no van a la escuela por conocimiento, van a la escuela por un título.

En el trabajo hay un sistema jerárquico muy parecido al militar en donde conforme vas avanzando en los rangos, se te va dando mayor respeto de la gente que en la jerarquía se encuentra por debajo. En la milicia hay una cadena de mando y protocolos de respeto a la autoridad. Lo mismo sucede en las oficinas y negocios sin ser necesario, si una persona está en un rango jerárquico más alto, pero no es tu jefe directo o indirecto, no hay razón para una obediencia ciega o una respuesta automática de respeto.

El sistema jerárquico en el que vivimos también tiene jerarquías socioeconómicas y el aceptar la jerarquía en donde "te tocó vivir" es una respuesta automática del camino de menor resistencia.

¿Por qué procrastinamos?

"El procrastinar es el delicado arte de esperarte a pasado mañana para hacer lo que debiste haber hecho antier"

Todos somos culpables de procrastinar, grandes pensadores a través de todos los tiempos han escrito acerca de este fenómeno que nos atañe a todos, desde los antiguos filósofos griegos que hasta tenían una palabra para ello, *Akrasia*, hasta el día de hoy.

El procrastinar no es perder el tiempo, es simplemente buscar otra actividad que lo que realmente necesitas hacer. Y esto tiene que ver con aquella creencia social de que el estar ocupado es igual a ser productivo, crees que mientras estés ocupado no estás procrastinando, o tienes justificación para ello.

En esta época en donde además de haber cambiado de un ambiente de recompensa inmediata a uno de recompensa retardada, tenemos gran cantidad de distracciones, información, comunicación en la palma de la mano y hay una cierta satisfacción en contestar los mensajes de terceros al momento o quizá revisar el estado de Facebook de una persona, su nueva historia en Instagram o el nuevo video en Tiktok. Estamos tan inundados de información que la mejor estrategia para no perder el tiempo es decir que no, es ignorar todo lo que no es importante o relevante en el momento.

Estábamos hablando en líneas anteriores de tu persona futura y de cómo es la que se pone metas, digamos de ahorrar, de hacer un negocio, de perder peso y es muy fácil imaginarte con tu peso ideal y sentir que vale la pena hacerlo, pero esa recompensa solo le ve valor tu persona futura y tu persona presente quiere una dona y como ya vimos, a tu persona presente le encanta la satisfacción inmediata, así tus dos personas están en constante conflicto.

El proceso por el cual tu persona presente quiere la satisfacción inmediata tiene que ver con el ciclo de dopamina que analizamos, estás trabajando en algo relevante como un reporte que urge entregar, estás contestando correos electrónicos, estás en una junta o estás con tus hijos y llega ese estímulo tan familiar que es la notificación de tu teléfono, a lo mejor tienes el sonido activo y conoces de que aplicación viene la notificación o quizá como yo lo tienes en silencio y solo lo sientes vibrar. Poco a poco se va incrementando la necesidad de ver de qué se trata, y más si llegan varias notificaciones seguidas, ahora realmente quieres saber de qué se trata. ¿Te acuerdas de como la anticipación y la expectativa de la recompensa genera más dopamina que la recompensa por si sola? Y ¿Cómo el generar dopamina es generador de motivación para actuar? Ahora realmente quieres sacar tu teléfono y ver de qué se trata, te convences de que solamente lo vas a revisar para ver si no hay nada importante, lo revisas y ves que de hecho son nada más cosas sociales, nada urgente, ¿Pero qué crees? De la pura idea que vas a leer el mensaje de tu amiga, vas a ver la historia del entrenador del gimnasio, o vas a ver quien le dio like a tus publicaciones, ya empezaste de nuevo con el ciclo de dopamina y ahora si necesitas abrir tu teléfono, lo abres, revisas todas las notificaciones, contestas, te ríes, y de repente te das cuenta de que ya llevas veinte minutos haciendo *scrolling* en TikTok o Instagram. La estadística es que la persona promedio revisa su teléfono ciento noventa veces al día, esto es casi cada cinco minutos. Cada día incrementa la frecuencia con que la gente revisa su teléfono y la cantidad de plataformas con las cuales te puedes comunicar, en 1992 se mandó el primer mensaje de texto, hoy tienes Messenger, WhatsApp, Instagram, Telegram, etc.

Las notificaciones son señales, la señal te hace pensar en un antojo, como el ver tu teléfono, la acción que es el sacar y prender tu teléfono y el acto de verlo es la recompensa. Esta es la manera en como se forman los hábitos. El procrastinar es un hábito, según estudios te cuesta aproximadamente veintitres minutos obtener un enfoque profundo en cualquier actividad que realices, pero si cada cinco minutos estás interrumpiendo el proceso, esto no va a ocurrir. Ese mismo estudio calcula que el cambio de una actividad a otra te cobra hasta el 40 % de productividad diaria. Y eso es únicamente un promedio.

Las distracciones no solo son de manera electrónica, sino que vienen de todas las maneras que te puedas imaginar, una llamada, telefónica, alguien físicamente interrumpiendo, tú buscando un antojo de café o de comida. Las noticias son un gran distractor también.

El procrastinar no nada más es distraerse y no terminar una actividad, también es posponer aquello que sabes que tienes que hacer, hasta ahora únicamente he hablado de las múltiples distracciones a las que estás expuesto todos los días, pero es un hábito el no hacer lo que sabes que tienes que hacer hasta que se llega la fecha de entrega, cuantas veces como niño no empezaste la tarea que tenías que entregar una semana o un mes después, justo la noche anterior.

El no tomar una decisión es la peor decisión de todas, pero el decidir no empezar aquello que tienes que hacer hasta el último momento es muy desgastante, la mente mediocre no decide, le gusta dejar que las decisiones sean tomadas por los demás o que el ambiente se encargue de la falta de decisión.

El no decidir

Las decisiones comúnmente involucran sacrificios o perdidas, cosas que mucha gente considera intolerables, al ser presentado con opciones y tomar una, la gran mayoría de las veces las otras opciones ya no estarán disponibles, como en aceptar un trabajo, una pareja, un lugar donde vivir, emprender un negocio, etc.

Hay muchas razones por las cuales la mayor parte de la gente no toma decisiones o toma decisiones demasiado fáciles. La sociedad como ya lo mencioné antes pareciera que te da solo un pequeño menú con determinadas opciones para tu vida, si tomas las decisiones dentro del menú todo es fácil, puesto que las decisiones ya están tomadas en un gran porcentaje por el mismo menú, y después de tomar cualquier opción ahí el camino a seguir también ya está trazado, pensando en el ejemplo del río, si hiciéramos un análisis del suelo y subsuelo antes de un deshielo, antes de la formación del río podríamos predecir casi a la perfección su trayectoria.

parte de la forma en como somos formados y la manera en como se nos forma el sistema de creencias hay algo muy importante que hace que tomemos decisiones genéricas y esto tiene que ver con la necesidad que tenemos como humanos de pertenecer, de ser aceptados y respetados como miembros de una comunidad. A este tipo de decisiones se les llama por prueba o reconocimiento social.

Cuando Apple lanzó los primeros audífonos blancos para el iPod, su campaña pintaba solo la silueta de gente escuchando música y bailando y lo único que podías ver era el iPod y los audífonos blancos que destacaban más que cualquier otra cosa, Apple estaba usando este principio de reconocimiento Social, todo mundo quería verse súper *cool* con audífonos blancos y un iPod, sin importar que la calidad de los audífonos no era tan buena como los de otras marcas. De hecho, todos los productos de Apple utilizan esta estrategia de mercado.

Te cuesta mucho trabajo tomar una decisión que en tu mente no será bien vista por los demás, es más fácil tomar una decisión con la cual todos tus amigos, compañeros y familia estarán de acuerdo.

Tengo un socio, y muy buen amigo que tiene unas ideas muy de él, es una persona un tanto excéntrica, pero una de sus grandes características es que no le gusta el color amarillo, y menos en coches. Es tan importante para él el tema de los coches amarillos y la forma en como los aborrece que siempre dice cosas como: *"Si te compras ese coche, te dejo de hablar"* y he visto como ha cambiado la opinión de varios amigos en el tema del color de su coche.

Otro de los grandes obstáculos dentro de la mente mediocre es el decidir una opción y tener que vivir con el remordimiento de no haber tomado la alternativa. Por ejemplo tienes la opción de ir a cenar comida japonesa o parrilla argentina. Por un lado, decides la parrilla y todo el tiempo durante la cena sientes que no decidiste bien y únicamente piensas en el sushi que no te estás comiendo, solo pensando en lo que no tienes en vez de estar pensando en lo que si tienes y disfrutarlo, esta es una gran característica de la mente mediocre busca enfocarse en lo que no tiene, y vive en modo de escasez en vez de abundancia.

El miedo al fracaso está entre las mayores causas de la falta de decisión, es más fácil seguir donde estoy, es más cómodo, es más seguro, la mente mediocre busca la seguridad, la comodidad y el cobijo de no tener que tomar decisiones difíciles. Fracasar no es una sensación agradable, pero nadie que ha alcanzado grandes niveles de éxito lo ha hecho sin fracasar constantemente, es más la gente exitosa en promedio ha fracasado más veces que alguien a quien de solo verlo pensarías que es un fracaso.

Cuando a una persona la pones ante una disyuntiva de estar bien o estar mal, de estar en lo correcto o estar equivocado, le va a interesar estar en lo correcto, pero esto va a complicar la toma de decisiones porque aquí hay un sesgo cognitivo en donde si no estás en lo correcto puedes perder credibilidad en ti mismo y en tu habilidad de tomar decisiones.

Sesgo cognitivo y emocional

Cuando experimentas algo, cuando vives la forma en cómo percibes el medio. Si dejas de leer, bajas el libro y pones atención al medio ambiente en donde estás, lo que ves, lo que escuchas, lo que hules y hasta lo que sientes en tus manos, claro que si pones atención vas a percibir más cosas, esto simplemente es que estás haciendo consciente lo que tus sentidos están percibiendo, date un minuto para percibir el mundo, no importa en donde estés, después cierra tus ojos y trata de recordarlo, tu memoria no es tan precisa. Ahora trata de recordar la vez anterior que estuviste en este lugar, tu memoria no es como un video que cada vez que le pones *play*, se ve igual. Tu memoria va cambiando muy parecido a como cambia la memoria de un sueño.

¿Has tenido alguna discusión con tu pareja, o algún familiar en donde tú estás segura de que las cosas ocurrieron de una manera y la otra persona está segura de que las cosas ocurrieron como ella dice? ¿Discuten y discuten y puede ser por horas y no entiendes por qué se empeña en tratar de convencerte de algo que no es cierto, de algo que no viviste?

Esto pasa porque ambos tienen memorias diferentes de lo que ocurrió, tu memoria está cargada de información que alimenta tu lado de la historia y el de la otra persona su lado de la historia, hasta se podría decir que si ambos están siendo honestos, los dos tienen razón. Tu mente tiene la capacidad de acentuar atributos negativos o positivos en tu memoria. Cuando las emociones son fuertes a la hora de tener una experiencia, esto también afectará los atributos que acentúes, y una más. Dependiendo de la carga emocional a la hora de recordarlo también cambiará la manera en como ves esa memoria.

La manera en como cambias o acentúas una cierta memoria es un sesgo, la palabra en sí solo habla de un cambio de dirección ni positivo ni negativo, simplemente un cambio de orientación en el pensamiento.

Cognición habla de nuestra capacidad de procesar información, cuando hablo de un sesgo cognitivo es un cambio en la dirección de la información que estás procesando en un momento determinado. Si investigas un poco te darás cuenta de que hay muchos sesgos cognitivos que afectan la mente humana y los diferentes autores les dan diferentes nombres, el ejemplo que te puse anteriormente se puede llamar un sesgo de memoria.

La mente mediocre utiliza estos sesgos para mantenerte en el *statu quo*. Y cuando hablo de mantenerte es porque implica mucho trabajo para ti el ser consciente de las cosas en todo momento, entonces cuando ya tomaste una decisión por ejemplo, ya no quieres tener que seguir decidiendo, es agotador y estresante, por ejemplo:

- Ya decidiste que alguien es buena persona, y aunque repetidamente escuchas de actitudes negativas a otras personas lo sigues justificando.
- En política, tomaste tu responsabilidad cívica y votaste en las elecciones, analizaste los candidatos y decidiste que la mejor opción era el candidato X, cuando se presentan conversaciones de política defiendes a tu candidato y atacas a los demás.
- No tienes suficiente dinero, para no tomar acción ves que la situación es imposible por todo lo que ocurre a tu alrededor, y te enfocas en lo negativo para mantener esa postura de no poder hacer nada.

Los sesgos cognitivos son la manera en como nosotros mismos nos engañamos y convencemos de una realidad, para justificar una decisión o una creencia. Este proceso es inconsciente y por eso no lo vemos la mayor parte del tiempo.

Los sesgos emocionales al final del día es la manera en como vemos las cosas de acuerdo a nuestras emociones, si bien el sesgo va a estar basado en emoción, al final no deja de ser un sesgo cognitivo, pues es la manera en como procesas la información. Un gran ejemplo es la manera en como te ves al espejo, está comprobado que te puedes ver más o menos atractiva de acuerdo a tus emociones. Un día te sientes mal, te ves al espejo y te ves gordo y feo, otro día te sientes bien y te ves atlética y guapa.

Tu percepción del mundo cambia en torno a tus emociones, a tus decisiones, a tus creencias, y también en torno a lo que la sociedad piense.

La aprobación social es una forma de sesgo cognitivo, donde le das peso a lo que tú crees que los demás opinan. La mente mediocre quiere pertenecer y hacer lo que todos los demás hacen, entonces procesas la información en torno a cómo la sociedad lo hace. Esto es usado en campañas publicitarias en todo el mundo todo el tiempo, generando modas y tendencias. Se basa también en el valor que le da tu mente a celebridades y expertos. Solo porque es una celebridad con capacidad económica superior a la media, eso no quiere decir que te tienes que vestir o actuar como él. Lo mismo ocurre con las figuras de autoridad como el médico. El médico es un experto en ciertos temas, pero la tendencia es darle valor a sus opiniones incluso fuera de su área de experiencia, nada más por el hecho de que en tu mente tiene cierta autoridad.

Cuando tomaste un camino y se presentan pruebas de que el camino que tomaste no es el adecuado, verás únicamente las cosas positivas de la decisión tomada solo para validar tu decisión.

Prueba social

"Donde todos piensan parecido, nadie piensa mucho"
Walter Lipton

Los humanos somos animales de rebaño, y en un rebaño es muy fácil controlarlo si controlas a los animales que van a la cabeza. En situaciones de incertidumbre lo primero que haces es mirar alrededor para saber qué es lo que están haciendo los demás y adoptar los mismos comportamientos.

Si vas por primera vez a un banquete con la realeza europea estarás atento a ver como se comportan los demás para no cometer ningún error en modales, lenguaje o simple comportamiento, desde la vestimenta tienes que hacer una investigación para ver cuáles son los códigos, y si llegando al evento ves que tu investigación no fue la más acertada, te sentirás incómoda.

¿Te has puesto a pensar por qué en los programas de televisión de comedia los productores después de cada chiste siguen poniendo un pequeño segmento de risas falsas, o risas enlatadas?

De acuerdo a diferentes estudios está comprobado que las risas falsas son sumamente efectivas para generar que la audiencia reciba mejor un chiste malo, también se ha comprobado experimentalmente que el uso de risas falsas hace que la gente se ría durante más tiempo y más a menudo, incluso al final de la presentación los participantes del estudio la calificaron como más divertida que la versión sin risas falsas.

Todos sabemos que las carcajadas son falsas y si alguien te pregunta lo más seguro es que pienses que son de mal gusto o que están de más, pero la realidad es que afectan el subconsciente de una forma muy particular para hacernos sentir más en el humor que pretende el programa.

La prueba social es un arma muy eficaz de la mente para mantenerse en congruencia con las reglas y normas de la sociedad o del rebaño, si vamos en una autopista solo tenemos que voltear alrededor para saber a qué velocidad conducir sin fijarnos en el límite de velocidad, siempre habrá alguien que vaya más rápido y alguien más lento, pero la gran mayoría irá en promedio dentro de la norma.

En los bares al inicio de la jornada echan unos billetes al bote de las propinas para que la gente se anime a dejar propina, si estás en un evento y empiezan a aplaudir no puedes hacer más que aplaudir incluso si no sabes que está pasando.

Hace muchos años mientras trabajaba en un velero, llegamos a Tailandia y en aquel entonces mis placeres eran supersimples, una ducha caliente, comida fresca, una cama suave y amplia, y curiosamente me nació un amor por el aire acondicionado, llegando a puerto, si el puerto tenía cine sin importar la película yo buscaba ir y meterme al aire acondicionado dos horas, llegaban temprano y me iba tarde para poder disfrutarlo más. En esta ocasión en específico después de los anuncios típicos de los cines y al apagar las luces yo esperaba que empezara la película. Pero para mi sorpresa empezaron a aparecer imágenes del príncipe, en aquel entonces todavía no era rey, y toda la gente a mi alrededor se puso de pie, sin pensarlo me puse de pie también y puse mucha atención a la manera en como actuaba el resto de la audiencia para no ofender a nadie. Hay un dicho muy viejo que dice que a donde fueres haz lo que vieres.

En un estudio realizado en 1976 por Bandura y Grusec, se demostró cómo a través del principio de prueba social se puede liberar de fobias a las personas de una manera supersimple. Tomaron a un grupo de niños de edad preescolar quienes su única característica en común era tenerle mucho miedo a los perros, parte del ejercicio era observar todos los días durante veinte minutos a otro niño de la misma edad jugar con un perro. Después de únicamente cuatro días el 67 % de los niños empezó a estar dispuesto a entrar a una zona de juegos con un perro y permanecer solo jugando y acariciando al animal.

Cuando una persona ve que la mayoría actúa de cierta manera se cree que esa manera es correcta, es la razón por la cual caemos en la tentación de preguntar a nuestros grupos sociales opinión en cuanto a todo sin darnos cuenta de que solamente estamos buscando la prueba social y no la mejor manera de actuar. Esto nos regresa a cómo la mente mediocre se mantiene en el *statu quo* al depender de la prueba social de la gente que está en ese mismo nivel. Si quiero perder peso y ganar músculo.

¿Por qué le sigo preguntando a mis compañeros de trabajo, quienes están en mi situación, ellos qué hacen?

¿Por qué le sigo preguntando a mis amigos en mi mismo nivel de ingresos, acerca de inversiones?

¿Por qué le sigo preguntando consejos de matrimonio a mis amigos con problemas de matrimonio similares a los míos, o incluso divorciados?

La mente mediocre utiliza la prueba social para sentirse cómodo en el lugar donde está, la mente mediocre es social.

La prueba social es tan poderosa que muchísimas agencias de marketing la utilizan para generar ventas, abundan comerciales en donde utilizan la opinión o la supuesta opinión de otros en torno al uso de un producto específico para convencernos de que funciona, se ponen anuncios promoviendo que un producto es el más vendido en el sector, para hacernos pensar que si es el más vendido es el más aceptado.

Las risas o carcajadas enlatas de las que hablábamos anteriormente tuvieron sus inicios según historiadores en el siglo XVI. En las obras de Shakespeare se empezaron a plantar en la audiencia personas que reaccionaban de manera exagerada a la presentación, desde risas, aplausos, gritos. Esto desencadenó toda una industria que incluso tenía precios diferentes por el tipo de reacción esperado. Quizá en estos tiempos no se sabía la psicología de las reacciones enlatadas, pero sabían que funcionaba y funcionaba muy bien.

En un estudio preguntaron a un grupo de jóvenes estudiantes diferentes preguntas referentes a un programa de comedia que se les presentó, la mitad del grupo lo vio con risas enlatadas y la otra mitad sin ellas. El grupo que tuvo las risas falsas declaró que el programa fue más gracioso, mejor hecho, más entretenido. En el mismo estudio presentaron chistes de diferente tema, lo mismo ocurrió, en donde los estudiantes se reían incluso de los chistes malos cuando venían acompañados de risas falsas. Al parecer la risa de una audiencia no solo te da permiso para reírte, sino que además te sugestiona a pensar que es la manera correcta de actuar en esa situación.

La prueba social es una forma de respuesta automática que nos puede ayudar en determinadas situaciones, y nos ayuda muy bien, pues no hay que leer un manual de instrucciones cuando te metes al metro de una ciudad que no conoces para saber donde se comparan los boletos, donde se presentan o se meten y hacia donde caminar, ahora que si en algún momento no pones atención al mapa y conscientemente piensas era donde vas, puede ser que tomes el metro que va en la dirección opuesta.

La prueba social es una herramienta de la mente mediocre para mantenerte igual que los demás, no solo te presenta lo que supone es la manera correcta de actuar, sino un miedo del actuar diferente. Es como correr una carrera con un grupo de personas y al darte cuenta de que eres el más rápido y empiezas a sobresalir del grupo, bajas la velocidad para mantenerte con el grupo.

Parece un ejemplo tonto, pues en una carrera lo que se pretende es ganar ¿verdad? Solo si tienes la expectativa de ganar, si no tienes la expectativa de poder ser el primero la prueba social hará que no vayas mucho más rápido que los demás, muchos atletas tienen esta limitante donde cuando empiezan a ir más rápido inconscientemente se relajan y bajan la velocidad, lo vi mucho en competencias de CrossFit y lo veo todos los días en la carrera de la vida.

Sobre carga cognitiva

Ya hablamos de cómo estamos en una época de la humanidad en donde la información fluye a niveles que no podemos procesar, todos los días, todo el tiempo estamos bombardeados por información.

Tú decides cada momento a qué información le pones atención, desde que te levantas y revisas tu teléfono tienes la opción de ver tu calendario para ver tus actividades del día, quizá llamadas perdidas, pendientes, las noticias, las redes sociales, tus correos electrónicos, tus mensajes de texto en las diferentes aplicaciones y más. Y esto antes de levantarte de tu cama en la mañana. Si no haces esto o si no revisas alguna de estas actividades, estás tomando la decisión consciente de que no quieres por ahora poner atención en algo específico.

Desde que te levantas estás tomando decisiones, unas muy simples como que llave abrir primero si la caliente o la fría, hasta más complejas como no atender una actividad del trabajo hasta llegar a la oficina. Las decisiones se acumulan, tomar café o té, que desayunar, que ropa ponerme, que camino tomar, que música escuchar, a quien llamar desde el coche.

Gran parte de esas decisiones es tomada por tu mente inconsciente, como ya vimos en respuesta automática o en piloto automático. Pero todas esas decisiones que tomas van agotando tus ganas de tomar decisiones, es por ello que dejas que tu mente inconsciente decida más y más cosas.

Ahora piensa que no solo son las decisiones del día a día, decisiones de que comer para seguir tus metas nutricionales y de salud, decisiones de como ejercitarte, de que leer, todas las preocupaciones que tienes en la mente, todos los propósitos, etc.

La idea de que las personas tenemos una carga cognitiva limitada está muy bien establecida en psicología. Tus recursos cognitivos se pueden acabar de varias maneras. Imponiendo trabajo en tu memoria a corto plazo o de trabajo se ha probado trae efectos adversos en el desempeño de tareas que involucran lógica y razonamiento, y yo te diría que hasta sentido común. Miller (1956) dice que la gente únicamente puede retener en promedio siete cosas al mismo tiempo, después de esto el desempeño sufre. Los estudios prueban que lo mismo pasa al tener demasiadas opciones, esto produce decisiones pobres o equivocadas. Esto incluye decisiones relevantes como planes para el retiro, planes de gastos médicos, inversiones, etc. Así también con decisiones que involucran algún riesgo, esta es la parte en donde la mente mediocre en vez de hacer el esfuerzo de tomar una decisión importante, no decide, decide al aventón o deja que la decisión sea tomada en piloto automático.

También existe la idea de que la carga cognitiva afecta la paciencia. En una publicación por Shiv and Fedorikhin (1999) encontraron que individuos memorizando un número de siete dígitos tenían un 22 % más de probabilidades de escoger un pastel de chocolate, en vez de una ensalada de frutas, en contraste con un grupo que solo memorizó un número de dos dígitos. Los autores proponen que la carga cognitiva de la tarea de memorizar el número de siete dígitos incrementa la dependencia en decisiones intuitivas por ende comportamientos más impulsivos. Otros estudios han probado que sobre carga cognitiva te lleva a tomar decisiones más pobres en cuanto a opciones nutricionales (Ward and Mann, 2000; Zimmerman and Shimog, 2014), la lógica es que intercambias gratificación inmediata contra metas a largo plazo.

Es justo aquí donde te das cuenta de que la gratificación inmediata, esa que no te deja ahorrar para invertir y bajar de peso y generar músculo también tiene que ver con todo lo que metes en tu mente día a día, ¿te sabes el nombre de todos los jugadores de tu equipo favorito, te sabes todos los nombres de los políticos y sus propuestas, te sabes los nombres de los directores y actores de tus películas favoritas, te sabes el nombre de tus cantantes favoritos y todas sus canciones? No que esté mal tener estos conocimientos, pero al aprenderlos estuviste sobrecargando tu mente quizá con datos que te estaban quitando más de lo que crees, como la habilidad de tomar mejores decisiones en el momento.

Conclusión

En este capítulo enlisté una serie de funcionamiento de la mente humana en donde la mente mediocre vive y se resguarda. El propósito de entender como actúa y como funciona tu mente es generarte una conciencia del porqué actúas y piensas de la manera que lo haces, y el porqué de todos esos mensajes motivadores que te dicen que si cambias tu mente cambias tu vida o que pienses de tal o cual manera y serás millonario. Ninguno de estos dichos motivadores está equivocado, pero creo que están incompletos, no te han dado las herramientas ni los recursos para entender dónde está la clave para cambiar tu mente. Dicen que el primer paso para saber que tienes un problema es reconocer el problema. Este capítulo busca que tengas un entender de tu mente mediocre, y hasta te recomendaría volver a leerlo antes de seguir adelante.

En el capítulo siguiente hablaremos más específicamente de los principios de la mente mediocre, todo empieza con los niños, y desde que somos niños estamos expuestos a la mediocridad, a una programación específica y a metas, valores y búsqueda de logros genéricos.

Capítulo 3

HACIENDO A LOS NIÑOS DEL MONTÓN

¿Cómo es que la gente se hace del montón?

Cuando naces, entras a un entorno específico, una familia, una comunidad, una ciudad, un país, un gobierno, una religión, un tipo de cocina, costumbres, idioma, en conjunto una sociedad la cual tiene una forma específica de ver y llevar la vida, con reglas de comportamiento, de vestimenta, de conducta, muchas de ellas no están escritas, pero todo mundo las respeta, y las respeta porque cuando nació entró a ese mismo entorno en donde todo mundo se comportaba de la misma manera.

Los niños en general aprenden más de lo que ven, que de lo que se les dice, sobre todo a muy temprana edad cuando todavía no entienden el lenguaje en que se les habla, es más aprenden a hablar porque copian a sus padres cuando les hablan. Es curioso como hay niños que aprenden a referirse a cosas por el cómo suenan, ejemplo el *chuchú* en vez de tren, el *gua gua* en vez de perro, etc. y mientras los padres no los corrijan, se seguirán refiriendo a estos objetos por el nombre de bebé que en algún momento les dieron. Si los padres les hablan como bebés, los niños seguirán hablando como bebés hasta que haya otra influencia en términos de lenguaje. Puede ser la televisión, otros niños, otros adultos, etc., y todos los niños dentro de sus familias generan ciertos términos únicos dentro de su casa. Lo más interesante de esto es como no solo los padres programan a los niños, sino que los niños van programando a los padres también. Un poco más adelante te voy a revelar más del tema de la programación, pero por ahora te dejo un ejemplo de esto en mi familia:

Tengo dos enanos cuates (gemelos de bolsas separadas) que al momento de escribir estas líneas tienen cinco años de edad y como su mamá es canadiense y vivimos en México decidimos que en la casa hablaríamos en inglés para que con la influencia externa, de la escuela, de los compañeros, de otras personas en general aprendieran español y en la casa aprendieran inglés. Es tan fuerte la influencia del español únicamente por el lugar en donde vivimos que aprendieron primero a hablar en español, eso sí, entienden perfectamente todo lo que se les dice en inglés y escuchan las películas y programas en los dos idiomas por igual. Lo curioso de este experimento involuntario, es que mis dos hijas mayores de otra relación que no viven con nosotros todo el tiempo, por el simple hecho de que a los chiquitos se les hablaba en inglés y sin que se les diera ninguna instrucción especifica, empezaron por cuenta propia a hablarle a los enanos en inglés.

Otro ejemplo es que al estar expuestos a los dos idiomas hubo cosas como los colores que aprendieron primero en inglés que en español, entonces al jugo de naranja le decían *"agua yellow"* pero fue tan contundente el término que mis tres hijos mayores se referían al jugo de naranja de la misma manera, y no solo ellos, sino que nosotros también empezamos a hacerlo hasta que despertamos la conciencia de ello y lo empezamos a corregir.

En fin un par de ejemplos simples, pero imagina cuántas de estas cosas no pasan en el día a día en las diferentes familias, todos estos comportamientos únicos de cada familia, esto genera una cierta programación de lenguaje, hábitos y acciones diarias.

Uno de mis primeros instructores de buceo tenía la costumbre de sopear el pan dulce en jugo de naranja, a mí esto se me hace lo menos apetecible posible, no sé a ti. Pero cuando le pregunté de esa costumbre me contó cómo en su casa, sus padres remojaban el pan dulce para desayunar en café con leche, pero a los niños no les gustaba el sabor del café así que copiaban el comportamiento de sus padres en la bebida que tenían enfrente a la hora de desayunar, ahora eso no es lo sorprendente, lo que de verdad me llamó la atención es que cómo él siguió con esa costumbre hasta su edad adulta, sus hijos aprendieron a remojar el pan dulce en jugo de naranja, y estoy seguro de que los hijos de ellos, también lo van a hacer. Imagínate ya cuatro generaciones con una costumbre que seguramente no sabrán de dónde vino, pero para ellos será de lo más normal en su casa.

La primera influencia que tenemos como niños, son nuestros padres. Aprendemos de sus comportamientos, acciones y costumbres. De dos maneras la primera es de manera observacional, y la segunda por los mismos límites que nos van poniendo. Y no que nos pongan límites por limitar nuestro desarrollo, lo hacen porque nos quieren y nos protegen, por eso aprendimos a no cruzar la calle sin voltear a los dos lados, a no meter la mano en el fuego, a no meternos cosas a la boca que se nos puedan atorar y un sinfín de límites e instrucciones.

Los primeros años de vida y hasta como la edad de siete años, toda la información a la que somos expuestos, entra a nuestra mente sin límite, por eso se dice que los niños son como esponjas y aprenden a una velocidad incomparable con la velocidad de aprendizaje de un adulto.

Aprenden lo bueno y lo malo sin límite, la naturaleza es sabia, de esa manera, muy rápido los pequeños dejan de ser tan frágiles y más rápido pueden ser autosuficientes. Pero aquí tenemos un efecto muy interesante porque estamos armando nuestro sistema de creencias, nuestras verdades de vida, nuestros valores, en pocas palabras se está escribiendo nuestra programación mental y con ella nuestro carácter y personalidad.

¿Te has preguntado alguna vez que parte de ti es realmente tuya, con la que naciste, y hasta donde eres producto de como te fueron programando y moldeando primero tus padres y después las figuras de autoridad?

Los padres siempre serán una fuente de influencia muy importante en la vida de la mayor parte de la gente, esto independientemente de la edad, y es porque les tenemos un respeto, cariño, confianza y fuimos programados para creer en ellos como nuestra primera figura de autoridad sin cuestionarlos.

Después de tus padres, la figura de autoridad principal que siguió moldeando tu programación mental fueron tus maestros. Yo no sé tú como lo veas, pero yo vengo de un sistema de educación muy similar si no es que igual en el que están mis hijos, y yo estuve en primaria hace más de treinta y cinco años. Y preguntándole a mi mamá ella se acuerda de su primaria y no era muy diferente a la primaria actual. La realidad es que la educación formal o académica ha cambiado muy poco en los últimos doscientos años, déjame te cuento un poco de la historia y evolución:

Hace muchos años, el mundo era completamente diferente a lo que conocemos hoy, la economía se basaba en el mundo agropecuario y artesanal; en donde los niños aprendían en pequeños grupos informales, pero la gran mayoría permanecía iletrada. En el siglo XVIII es cuando los estados se empiezan a preocupar por tomar el control de la educación, y se dice que la chispa que desató todo esto fue cuando Prusia pierde la batalla de Jena en contra de Napoleón en 1806. Tras esa derrota los mandatarios Prusianos determinaron que los soldados pensaban demasiado y que tenían que pensar menos y solo obedecer. Incluso un filósofo de la época, Johann Fichte, dijo que *"la educación debería proveer los instrumentos para destruir la voluntad"*.

En 1807, bajo la dirección de Wilhem von Humbolt, Prusia comenzó a implantar su nuevo sistema educativo, el cual instruía a los alumnos qué pensar, cuándo pensarlo y durante cuánto tiempo. Era un sistema completamente elitista y de control de pensamiento.

Este sistema se dividía en tres niveles:

El primero estaba reservado para la elite económica y nobiliaria, el uno por ciento únicamente. Aquí se preparaba a futuros mandatarios políticos, se les enseñaba a pensar estratégicamente, historia, escribían y leían mucho y se hacían expertos en el arte de ordenar.

El segundo, abarcaba entre un 5 y un 7.5 % de la población, y aquí aprendían a ser ingenieros, arquitectos, médicos, abogados, básicamente todos los servicios que los del uno por ciento pudieran necesitar.

El tercero, la inmensa mayoría de la población acudía a la escuela del pueblo, donde aprendían obediencia, cooperación, literatura básica y grandes éxitos históricos del estado.

Curiosamente, les funcionó tan bien este nuevo sistema educativo que unos años más tarde vencieron a Napoleón en Waterloo, y según los mandatarios, la población más sumisa y disciplinada permitió vencer en la guerra Franco-Prusiana y lograr la reunificación de Alemania además de llevar a Prusia a ser un ejército dominante hasta finales del siglo XIX.

El éxito del sistema fue pronto ampliamente admirado por otros estados, debido principalmente a la reducción de la población iletrada y a su eficiencia, y este se expandió a países como Estados Unidos y Japón.

Así se vio influenciada la educación formal por guerras y mandatarios militares, pero a partir de la Revolución Industrial y sobre todo a partir del siglo XIX, la educación también se vio altamente influenciada por este nuevo sistema económico en donde así como los militares, también se necesitaba un control de la población para darles ciertas habilidades y conocimientos, pero sobre todo mantenerlos disciplinados y acatando órdenes de sus superiores. La disciplina tiene un carácter preventivo: alfabetizar a muchos niños en poco tiempo con el objetivo de moralizar, domesticar, e integrar a los trabajadores del mañana.

La revolución Industrial influyó sobre la educación provocando iniciativas de cambio que dieron un rumbo muy particular en los desarrollos de distintas formas de enseñar, tanto en forma directa en las escuelas como en forma indirecta, en las fábricas.

Se habla de tres Revoluciones Industriales, la primera a finales del siglo XVIII, La segunda en el siglo XIX, y la Tercera a mediados del siglo XX con la invención del transistor y eventualmente las computadoras y el internet, en donde la educación se vio influenciada, pero en vez de mejorar, en mi opinión tuvo un estancamiento porque se basaron en las nuevas tecnologías para transmitir la información y en vez de hacer más participativo al estudiante lo hicieron más pasivo. Seguimos teniendo una gran diferencia en cuanto a las oportunidades de acceso a la educación de acuerdo a clases sociales, y siguen enseñando a los niños qué pensar, en vez de enseñarles cómo pensar.

El sistema educativo actual, al igual que el primero, está preparando a la fuerza laboral. Los niños se enseñan a obedecer órdenes, a estar sentados tranquilos, a buscar un premio llamado salario, a tener un horario fijo y a seguir respetando una cadena de autoridad en donde con mucho trabajo y tiempo puedes llegar a escalar puestos más altos.

"La mente no es una vasija vacía para llenar, sino un fuego para encender"

En la famosa frase de Plutarco, filósofo e historiador griego se ve que la mente no está hecha para llenarla de conocimientos, sino para encenderla y abrirla al pensar.

Hoy estamos sufriendo un cambio importante forzados en gran parte por el confinamiento obligado a raíz de la pandemia del COVID-19, pero según vi en mis hijos y en el tipo de enseñanza que les estuvieron dando en línea, en vez de mejorar, estamos empeorando.

Los maestros creen en el sistema educativo, creen en lo que enseñan y como lo enseñan, se les da una cierta cantidad de información académica a los niños y después se les premia cuando la pueden repetir, lo mismo sucede al seguir creciendo en el mundo académico hasta en niveles universitarios, se te enseña que pensar, te tienes que aprender y retener cierta cantidad de información académica y al repetirla en un examen se te premia con una calificación, esto genera en los estudiantes de todos los niveles una programación en donde esperan se les premie por la mayor cantidad de conocimientos retenidos, también genera la falsa creencia de que entre más diplomas, certificados y títulos tengas, mejor te irá en la vida. El sistema educativo nos programa para querer el premio, ya sea el certificado o el título razón por la cual los estudiantes no van a la escuela por el conocimiento o para aprender a usar ese conocimiento. Al igual que los adultos van al trabajo por el premio del dinero y no para desarrollar, crear y crecer. Es por ello que la gran mayoría de la gente se estanca en trabajos "temporales" de por vida.

La vida te premia no por lo que sabes sino por lo que haces con la información que tienes. Y no hay ningún programa académico que te enseñe realmente como funciona la vida. Hoy más que nunca el éxito está en manos de las personas que tienen una buena actitud, una buena imagen propia, confianza en ellos mismos, empatía con los demás, buena interacción interpersonal, cualidades de liderazgo, trabajo en equipo, habilidad para decidir, comunicación. Atributos que no enseñan en las escuelas.

Los maestros en todos los niveles repiten la misma información de la misma manera en cómo se les entregó a ellos, y lo peor del caso es que son 100 % teóricos porque no viven ni hacen lo que predican. Yo tuve maestros de negocios en la universidad, maestros de finanzas, de administración, quienes repetían lo que habían leído en libros de texto, conceptos genéricos, algunos de ellos estaban en la industria con puestos medios y conocimientos prácticos de empresa, pero no puedo recordar algo que me hayan enseñado en la universidad que me diera un conocimiento práctico para la vida. Me llenaron de conocimientos académicos eso sí, algunos muy útiles como los principios de contabilidad y estadística, otros muy inútiles como cálculo avanzado y mercadotecnia. Hice un diplomado en mercadotecnia, con maestros activos en el mundo laboral, mis compañeros activos en el mundo laboral y si bien aprendí de conceptos, de técnicas y hasta ejemplos reales de empresas, al graduarme y recibir el título me di cuenta de lo obsoleto de la enseñanza. Los ejemplos prácticos eran ejemplos que venían enseñando hace diez años, los conceptos eran de libro de texto y lo que más llamó mi atención es que enseñaban cómo llevar la mercadotecnia de una mega empresa, copiando lo que hacían las grandes marcas como Nike o HP una década atrás, modelos de negocio y mercadotecnia ya obsoletos e inútiles para el pequeño y mediano emprendedor/negocio. Si hubiese yo querido utilizar ese título en la vida práctica o laboral me hubiera tocado entrar a una empresa en donde al igual que en la universidad me hubieran dicho qué hacer, qué pensar y cómo actuar esperando un premio al final del mes, hasta que quizá con el tiempo aprendiera prácticamente lo que se hace en esa empresa en cuanto a su mercadotecnia, aprendiendo todo ya en el puesto de trabajo.

Me costó años de trabajo entender que si todos los expertos en mercadotecnia hacen lo mismo y siguen el mismo camino, ¿qué hace algunas empresas o a algunos emprendedores sobresalir más que otros?, es ahí donde tienes que desaprender lo que se te enseñó en la escuela para poder desprenderte del montón y realmente poder hacer.

El sistema educativo tradicional es un sistema de información, no de educación. Los conceptos y habilidades que se obtienen son invaluables sobre todo cuando hablamos de médicos, Ingenieros, Científicos en general. Pero te puedes llenar de conocimientos académicos, habilidades muy específicas en tu ramo. Pero no saber cómo funciona el mundo en la práctica y seguirás viviendo una vida promedio, intercambiando tiempo por dinero.

"Nunca dejes que la educación formal se interponga en el camino de tu aprendizaje"
Mark Twain.

La calidad de tu vida siempre va a ser regida por la calidad de tus pensamientos y la calidad de tus pensamientos va a ser regida por esa programación mental única que todos tenemos.

En esa programación mental están tus límites, están tus creencias de poder o no poder hacer algo. Está tu psicología del dinero, del éxito, de la mediocridad, de las relaciones personales y familiares. Está toda la programación de cómo actúas en automático a diferentes situaciones. Esto lo vamos a ver más a fondo en el capítulo siguiente.

En nuestra sociedad, queremos proteger y ayudar tanto a los niños que los programamos para ser mediocres, le prohibimos cosas para que no se lastimen, pero dejamos de desarrollar habilidades, o quizá conciencia de como cuidarse, un ejemplo que siempre pongo sobre todo porque me gusta el montañismo y escalar siempre fue una de mis pasiones desde muy pequeño, es:

Al niño que se trepa al árbol, tienes dos opciones, la primera:

- No te subas porque te vas a caer

En este ejemplo el niño puede ser que aprenda que trepar un árbol es equivalente a caerse y lastimarse, por ende lo deja de intentar.

- Si te subes, te bajas tú solo, pero ten en cuenta que si te caes te puedes lastimar, ¡hazlo con cuidado!

En este ejemplo, el niño se cuida de no caer, únicamente sube cuando puede estar seguro de bajar por sus propios medios, y al saber que corre un riesgo de lastimarse usa su miedo para no caer.

Muy diferente la percepción, pero piensa en las repercusiones después de años de este tipo de programaciones, otro ejemplo:

Llega el niño feliz del colegio porque hizo una manualidad y el padre tiene dos opciones:

- Qué bien que lo hiciste, eres un genio, te quedó espectacular, vamos a ponerlo en la sala para presumírselo a todo el mundo y decirles lo orgulloso que estoy de tu manualidad.

En este ejemplo el padre está enfocando la atención en la manualidad, y no que esté mal motivar a los niños, pero estamos siguiendo con lo que hace la sociedad dándole valor a las personas con base en sus resultados, aquí estamos generando una programación en el niño en donde siente que vale por lo que hace, y no por lo que es, encima cuando se dé cuenta que su manualidad no es de ninguna manera sobresaliente a la de los otros niños, no lo vamos a hacer sentir muy bien, ¿verdad?

- Qué bien, pero primero dame un abrazo, estoy orgulloso de ti, ¿te divertiste hoy en la escuela? Enséñame lo que aprendiste a hacer, muy bien, me da gusto que hayas logrado esa manualidad, ¿Quieres que la pongamos en la sala para que todos la vean?

En este ejemplo nuestro enfoque no está en lo logrado, sino en el niño, el padre está orgulloso de su hijo y no de la manualidad. Lo felicita por la manualidad, pero no es la mejor del mundo, lo felicita por el logro de lo aprendido y lo hecho con lo aprendido, deja que el niño juzgue su logro permitiéndole presumirlo, así mismo cuando el niño determine que ya no lo quiere presumir, no se va a sentir mal de quitarlo, porque es su decisión.

Ambos ejemplos son muy simples y genéricos, pero este tipo de cosas pasan todos los días en la vida de millones de familias y sin darnos cuenta no solo estamos preparando a nuestros hijos para ser mediocres, sino que les estamos cargando el equipaje de emociones negativas hacia infinidad de situaciones, sin saberlo.

Por último, para proteger a nuestros pequeños de hacerles un daño, o un sentimiento negativo, ahora está de moda en las escuelas hacer deporte sin llevar la cuenta, o hacer competencias sin tomar el tiempo, les decimos que todos ganaron por participar, me da mucha pena que esto esté ocurriendo porque estamos generando más y más mediocridad.

Y luego se preguntan:

"No entiendo, ¿por qué mi hijo no se esfuerza?"

Claro que no se va a esforzar, si lo estás entrenando para ganar el premio a la mediocridad siempre: *"corre, no corras, camina, llega a la meta o no llegues"*, ¡wuujuuuu! ¡Felicidades! Aquí tienes tu medalla de participación y tu graduación en mediocridad.

Sin un impulso, una motivación, los niños nunca van a saber para qué son buenos. Si los premian a todos por igual, nunca se van a esforzar por sobresalir en algo.

"Si juzgas a un pez por su habilidad de trepar un árbol, pasará toda su vida pensando que es un inútil"
Albert Einstein

Hoy estamos peor porque el pez no puede trepar el árbol, pero le damos su medalla de participación solo por intentarlo.

Por otro lado, en el tema académico, presionamos a los niños a que trabajen en sus debilidades, y como sus fortalezas se les facilitan, los dejamos que las ignoren…

¿Qué sucede con esto?

Los niños trabajan en cosas para las que no son buenos ni serán buenos nunca las desarrollan tanto que llegan solamente a ser promedio en esas actividades, y en lo que de verdad son buenos, en sus talentos, los dejamos que los ignoren porque es suficiente que sean del promedio.

Estamos produciendo generación tras generación de gente mediocre, los hacemos que sean de la media en todo.

Hay materias que todos deberíamos dominar como la aritmética y la lectura, de lo contrario no podríamos leer la cuenta de un restaurante ni calcular la propina, pero de ahí en adelante creo que deberíamos trabajar en los niños la inteligencia emocional y ayudarlos a desarrollar sus fortalezas, para que se vuelvan de verdad sobresalientes en aquello para lo que son buenos, ¿y sabes? No nada más serían sobresalientes, sino que tendrían una vida más feliz, con más sentido, de esto trata el capítulo de la inteligencia de la mediocridad.

Los niños no tienen metas

Parte de lo que genera el entorno en los niños es que no sepan qué es lo que quieren **ser** cuando sean grandes.

Puse énfasis en la palabra ser porque se confunde la palabra con hacer. Lo que haces no determina lo que eres, pero lo que eres si determina lo que haces y cómo lo haces.

A los niños se les enseña un menú de cosas que pueden hacer y se les exige que escojan con base en la lista preautorizada. Las metas son genéricas y pareciera que hay libertad para escoger, pero en realidad se les da un manual para la vida y por eso no es sorprendente que tanta gente viva odiando su trabajo, y su vida viviendo con depresión, estrés y ansiedad.

Es más fácil seguir el manual sin pensar, que pensar y después actuar.

Ese es el camino de la mediocridad, no cuestionar tu camino, no cuestionar tus metas, seguir el manual de vida que se te dio al nacer y ejecutarlo más o menos. Lo mínimo suficiente. Y después buscar distractores para seguir en el hábito de no pensar.

Pregunta a un niño pequeño que quiere ser cuando sea grande y sus respuestas serán increíbles, princesas, castillos y superhéroes, pregunta a un adolescente y sus respuestas ya estarán más cerca del menú, Doctor, Veterinario, Abogado. Pregunta a un joven adulto y su respuesta será todavía más pequeña cómo tener un buen trabajo con buenas prestaciones, hacer dinero para poder viajar algún día. Les está hablando su mediocridad.

Y todos sin dudarlo habrán puesto sus sueños, en un cajón al que le podemos llamar "algún día".

¿Tú tienes metas de "algún día"?

La gran mayoría de la gente se convence de que algún día hará eso que más quiere, y es la manera de poder vivir con el conocimiento de que no estás haciendo nada para lograr tus sueños, es la manera en como tu mente mediocre te mantiene tranquilo de saber que puedes pero no haces.

Y el "algún día" va de la mano con el "una vez / en cuanto"

Una vez que logre tener mi título, una vez que gane suficiente dinero, en cuanto me den la promoción, en cuanto me alcance, en cuanto logre… siempre esperando que algo suceda primero antes de hacer.

El éxito futuro de un niño se puede determinar dándole uno o dos malvaviscos.

En un estudio que duró cuarenta años por la Universidad de Stanford se probó que una pequeña cualidad innata en niños de cuatro y cinco años podría determinar su calidad de vida futura.

En 1960 el profesor Walter Mischel con su equipo empezó una investigación con cientos de niños de edades entre cuatro y cinco años que consistía en sentar a un niño solo en un cuarto privado donde el investigador inmediatamente le ofrecía dos opciones al mismo tiempo que dejaba en la mesa un malvavisco. Le decía que iba a salir del cuarto y que cuando regresara le daría otro bombón, pero sí se comía el bombón que estaba en la mesa no le daría ese segundo bombón. Simple un malvavisco ahora, dos malvaviscos después. El investigador dejaba el cuarto por quince minutos. Mientras tanto cámaras ocultas captaban el proceso de cada uno de los niños, algunos se comían el bombón tan pronto como se quedaban solos, otros se veían bastante incómodos en sus sillas y hasta trataban de no ver el bombón, pero al final se lo comían igual y únicamente un pequeño porcentaje pudo soportar la tentación y recibió dos bombones al final.

Durante cuarenta años posteriores los investigadores siguieron la vida de los niños demostrando que aquellos pequeños que pudieron demorar la gratificación del malvavisco tenían mejores resultados en salud, trabajo y sus vidas en general. Primero tuvieron mejores calificaciones, menores incidencias de adicciones o abuso de sustancias en general, menor incidencia de obesidad, mejor manejo del estrés y sus emociones y en general mejor puntaje en otros parámetros diseñados para medir éxito en sus vidas.

La importancia de este experimento y otros similares demuestran cómo la habilidad de demorar el premio genera oportunidad de éxito en muchos ámbitos diferentes, por ejemplo:

- Si demoras la gratificación de comprar la comida chatarra y te esperas a llegar a casa, compras mejor y más sano.
- Si demoras la gratificación de ver televisión y haces la tarea, estarás más fresco de mente tardarás menos en terminar y lo más seguro es que hagas mejor el trabajo.
- Si demoras la gratificación de contestar todos los mensajes que aparecen en tu teléfono hasta que termines de contestar tus

correos, o de terminar la presentación tardarás menos y horas mejor trabajo.

- Si demoras la gratificación de gastar hoy en cosas innecesarias, a la larga tendrás capacidad no solo de gasto sino de inversión y podrás comprar más y mejores cosas sin salirte de tu presupuesto.
- Si demoras la gratificación de parar cuando estás corriendo y terminas el entrenamiento, serás más fuerte, rápido y eventualmente podrás correr ese maratón.

Los padres en general por el amor tan grande que le tienen a sus hijos no les gusta ponerlos incómodos por un lado y por el otro utilizan sobornos para poder convencerlos de hacer lo que los padres quieren como callarlos mientras comes o ves televisión.

Cuando tus hijos tienen hambre, los alimentas, cuando quieren ir al baño los llevas, si tienen frío los abrigas y si están aburridos les buscas actividad. Cuando tus hijos están portándose mal los sobornas con premios, con un dispositivo electrónico, con la televisión, con un juego. Y no les das espacio a tus hijos a que esperen esa gratificación. Es muy difícil determinar dónde les haces bien y dónde les haces un daño a tus hijos con esa sobreprotección. Con la tecnología que tenemos hoy en día es muy fácil distraerlos y enseñarlos a no esperar para tener lo que necesitan, esto genera un hábito y eventualmente en la vida el no tener la habilidad de demorar gratificaciones alimentará esa mediocridad.

En otro estudio, investigadores de la Universidad de Rochester replicaron el experimento del malvavisco, pero cambiaron la situación de la siguiente forma:

En un primero grupo se les prometió a los niños que si esperaban se les daría una caja más grande de colores cuando se les daba una caja pequeña, después se les prometía una plantilla de calcomanías si esperaban a que el investigador regresara y les dejaba una sola estampa. Al regresar les decía que se le había olvidado y no les cumplía ambas promesas.

En un segundo grupo las promesas fueron las mismas, pero la gran diferencia es que en ambas ocasiones el investigador les cumplía la promesa al volver.

Al final de la experiencia confiable o no confiable se les ofreció el experimento del malvavisco tal cual a los dos grupos, la respuesta del primer grupo al no confiar ya en la palabra de los investigadores fue de inmediatamente comerse el malvavisco. Y el segundo grupo los niños habían estado entrenando sus mentes para confiar no nada más en lo que el investigador les decía sino en entender que con el solo hecho de esperar quince minutos. El premio sería mayor lo cual hacía que valiera la pena.

Lo que demuestra este segundo estudio es que la mente tiene la capacidad de entrenarse para demorar gratificación y por consiguiente conseguir todos los beneficios que esto conlleva.

Los niños desde muy pequeños son expuestos a reglas, límites, comportamientos aprendidos, copian hábitos y empiezan a generar hábitos propios, estos hábitos determinarán su personalidad, sus metas, sus retos y hasta sus gustos. Todo esto es parte de su programación mental, todos tenemos una programación específica, la que determina el nivel de nuestros resultados, para cambiar el nivel de resultados primero hay que cambiar esa programación, es de eso de lo que trata el capítulo siguiente.

Los valores genéricos

¿Qué son los valores para ti?

De acuerdo al diccionario son principios, virtudes o cualidades que caracterizan a una persona, una acción o un objeto que se consideran típicamente positivos o de gran importancia para un grupo social.

Eso me queda claro, pero como saber realmente como te sientes cuando se presentan diferentes situaciones. Por ejemplo tus padres y figuras de autoridad te enseñan ciertos comportamientos ante ciertas situaciones y dependiendo del entorno los valores son específicos o similares, pero todos somos diferentes.

¿Qué te hace llorar?

¿Qué te hace reír?

¿Qué hace que te dé gusto?

¿Qué te indigna?

¿Qué te enoja?

Estas son preguntas que te pueden llevar a encontrar aquellas cosas que tú consideras importantes y no solo las que te han inculcado. Cosas tan simples como no tirar basura en la calle, ayudar a la gente que lo necesita, ceder el paso, ser amable. Hasta cosas más complejas como no trabajar para alguien que no va de acuerdo con lo que tú consideras importante.Hay compañías y líderes de compañías que quizá no actúen de una manera ética o correcta según tus valores. Puedes trabajar en dicha compañía y ganar mucho dinero, pero estarás actuando en contra de lo que es importante para ti, y a la larga eso generará molestia, estrés y no te sentirás completo.

La gran mayoría de la gente pierde el sentido de los valores y se deja llevar por valores superficiales. Uno de los grandes problemas del liderazgo en los gobiernos es la gran falta de valores. No puedes llegar a ser político si no juegas el juego bajo las mismas reglas preestablecidas en ellas quizá lo económico esté por encima de lo humano, o quizá los votos estén por encima del bien público. No entraré en detalles, pero si estás en un ambiente con el cual no compartes la forma, la ética, o simplemente no sabes lo que te molesta, pero no estás a gusto con el cómo se desarrollan las cosas. Estás en el lugar equivocado.

Los estereotipos

Genéticamente estamos programados para cuidarnos de posibles peligros a través de respuestas automáticas, una de estas respuestas es la de quedarnos cerca de las personas que se ven como nosotros o nuestros padres. Este fenómeno se repite en la naturaleza, los animales bebe en general, según estudios de John Bowlby, no salen a jugar con otros animales bebe, ni en las granjas ni con animales salvajes; se quedan cerca de los animales que se ven, se escuchan y se mueven como ellos. En este caso como aquellos que los cuidan, que les dan de comer, que los protegen y más importante no tratan de comérselos.

En un estudio realizado por el psicólogo David Kelly se probó cómo infantes tan jóvenes como tres meses de edad cuando se les presentan opciones de la cara de personas con diferencias étnicas y raciales, siempre prefieren ver a miembros de su mismo grupo. Incluso los infantes presentaron preferencias por su mismo idioma, con todo y que a esa edad no entienden nada del lenguaje hablado todavía.

Este reflejo evolutivo genera que siempre estemos como humanos separando y agrupando y generando un “nosotros” y “ellos”. Puede ser tan simple como en un estudio llevado a cabo por Henry Taifel en donde al azar se le dio a un grupo de personas una pelota de color, a algunos roja y a otros azul, después se les dio la opción de dividir dinero y ambos grupos le dieron preferencia a los otros con el mismo color de pelota que ellos. Este fenómeno incluso se observa en las escuelas cuando con el solo hecho de pertenecer al mismo equipo de juego ese día actúas cálidamente hacia tus compañeros y fríamente hacia tus adversarios. Incluso cuando los miembros cambian día a día.

Ha habido muchos estudios que analizan los sesgos que la gente en general tiene hacia los estereotipos, cosas que no tienen un sentido hoy como a lo mejor tuvieron en algún momento de la historia, los asiáticos son mejores en matemáticas, las mujeres no son buenas para las cosas mecánicas, el estatus socioeconómico tiene que ver con el tono de la piel, etc.

Los estereotipos se vuelven tan poderosos que en un estudio llevado a cabo en Estados unidos en donde se considera que los africanos-americanos no son tan aptos académicamente, en dos grupos de chicos de nivel secundaria, sin darles más información que un examen, a los jóvenes que la primera pregunta tenía que ver con sus orígenes étnicos tenían en promedio 17 % más errores que los jóvenes en donde no se les hacía esa pregunta.

A un grupo de mujeres de ascendencia asiática, pero nacidas en Estados Unidos, cuando se les daba una referencia a su característica de mujeres, tenían más errores en un examen de matemáticas que cuando se les hacía una referencia hacia su ascendencia étnica.

Cómo ves los estereotipos son tan poderosos que inconscientemente nos dejamos llevar por ellos, incluso para el detrimento de nuestras habilidades, metas y logros.

A los niños se les inculcan estos estereotipos de manera inconsciente, incluso a través de programas de televisión y las pequeñas actitudes y comentarios de la gente cercana.Si alguna vez te has sentido limitado por tus características físicas, étnicas, de ubicación, de nivel social o económico, o cualquier otro tipo de estereotipo, la buena noticia es que únicamente es eso, un estereotipo y no una verdad absoluta.

Los límites que a veces sientes, que tienen que ver con la forma en que la sociedad, la educación formal y hasta tus padres han generado en ti solo están en tu mente, en el capítulo que sigue vamos a ver un poco de como esto forma una especie de *software* o programación y la forma de cambiarla.

Puntos clave:

- Los niños son programados por sus padres y figuras de autoridad.
- Los padres tratan de sobreproteger a los niños creando límites.
- El sistema educativo enseña qué pensar y no cómo pensar.
- El sistema educativo fue diseñado para controlar masas creando así una comunidad promedio.
- La sobreprotección de los niños en deportes genera mediocridad al no premiar acorde a resultados.
- El cómo les hablas a los niños cambia todo.
- El obligar a los niños en desarrollar sus debilidades e ignorar sus fortalezas fomenta la mediocridad.
- El pez no puede trepar un árbol, no le des una medalla de participación, es estúpido.

- Al sobreproteger a los niños y no demorar la gratificación de todas sus necesidades y premios les generamos hábitos mediocres.
- Los valores no son genéricos, son individuales.
- Los valores son la forma en como tú te quieres comportar, no dejes que el mundo decida cuáles son tus valores.
- Los estereotipos no son tu verdad.
- Tu *software* mental se puede actualizar. Y hablaremos más de como funciona este con relación a tu mente mediocre en el siguiente capítulo.

Capítulo 4

EL SOFTWARE DE LA MEDIOCRIDAD

"La mediocridad es excelente en los ojos de gente mediocre"
Joseph Joubert

En el capítulo anterior vimos un poco de cómo se van programando los niños, esta programación es parte de un "sistema de creencias" y determina como reaccionamos ante estímulos, y si te fijas en la palabra "reacción" te darás cuenta de que se llama así porque no es una simple acción, sino una acción repetida o reacción, lo que quiere decir que ya hemos tenido esa acción antes. Esa es otra forma de programación, cuando habitualmente accionamos de una forma específica, pero déjame te platico un poco de dónde viene este tipo de comportamiento.

La mente es la herramienta más maravillosa de creatividad que tienes, y es supercompleja. Tu mente tiene dos operaciones y funcionamientos principales, tu mente consciente y tu mente inconsciente. Me refiero a la mente como la función que ejecuta el cerebro.

El cerebro es el órgano que dirige toda función en nuestro cuerpo, ya sean funciones conscientes o inconscientes, es un órgano complejo del cual no vamos a ver todas sus partes y funcionamientos, pero vale la pena decir que la información que estoy por compartir contigo se puede rastrear según donde está la mayor parte de estímulos dentro del cerebro y se han hecho múltiples estudios que lo soportan.

La primera parte de la mente inconsciente que me gustaría tocar, es el sistema nervioso autónomo (SNA), y por no ser un libro que tenga un tono técnico biológicamente hablando voy a pecar de sobre simplificar para hacer más entendible el concepto. La función principal de este sistema es regular el balance en nuestro cuerpo, evitando caos en cualquier parte del mismo. Controla casi todos los órganos y en pocas palabras es el que nos mantiene vivos.

El SNA controla los latidos del corazón, la digestión, el sueño, la sudoración ante estímulos como ejercicio, la respiración, la presión arterial, la frecuencia cardiaca, etc. No solo las funcionas básicas, sino funciones un poco más complejas también como por ejemplo:

Al hacer ejercicio físico aumenta la frecuencia cardiaca, también hay sudoración para bajar la temperatura del cuerpo, aumenta la presión arterial por la necesidad de más flujo sanguíneo, se genera ácido láctico para proteger los músculos…

Al irnos a la cama por la noche, la glándula pineal produce melatonina para avisar que ya es hora de dormir, baja la temperatura del cuerpo, baja la frecuencia cardiaca, cambian incluso los procesos cerebrales en las diferentes etapas del sueño, por eso es tan importante para todas nuestras funciones diurnas tener una buena higiene del sueño.

El SNA se divide en dos funciones primordiales, la del sistema nervioso simpático y él para simpático. El último es el que rige todas las funciones anteriormente descritas, y al balance que se quiere alcanzar se le llama homeostasis.

La homeostasis se puede definir como el equilibrio de todas las funciones del cuerpo para sobrevivir y funcionar adecuadamente. Lamentablemente por la búsqueda de este mismo equilibrio genéticamente el cuerpo busca la comodidad, lo fácil, lo mediocre.

Fuimos diseñados para sobrevivir, para pasar nuestros genes a una nueva generación a través de la reproducción, a evitar a toda costa el dolor y a utilizar la menor energía posible porque uno nunca sabe qué pueda suceder. Este diseño es ya obsoleto, el diseño fue creado para un mundo que ya no existe, y ya no existe ese mundo porque los mismos humanos a través de su crecimiento de conciencia lo han cambiado. Todavía el cuerpo y la mente no han evolucionado del todo para alcanzar el mundo en el que vivimos y por eso vamos a encontrar muchos procesos automáticos para protegernos de no tener comida, de algún depredador, del frío, etc.

Digamos que decides cambiar tus hábitos, vas a comer mejor y vas a empezar a hacer ejercicio, después de dos semanas te das cuenta de que tu cuerpo trae unas ganas impresionantes de comer comida chatarra, más grasa, más pan, más dulce y sabotea tu dieta, no solo eso, sino que te hace sentir culpable y encima te estresa el pensar que no puedes mantener esa dieta que tú te impusiste o que a lo mejor te puso un nutriólogo o mejor aún un *coach* de nutrición, pero no es culpa ni de la dieta ni de tu motivación o de tu fuerza de voluntad. El culpable es tu cuerpo, porque está buscando ese equilibrio, esa homeostasis. Resulta que cuando aumenta tu gasto calórico tu cuerpo reacciona y, por un lado, quiere comer más para mantener tu peso y tu composición corporal y por otro te cansa y te dice que no puedes hacer tanto, para regresar al equilibrio o al *statu quo*.

El *statu quo*, en latín se refiere al estado del momento actual, y vamos a usar el término, porque explica perfecto como buscamos y defendemos hasta a veces inconscientemente la forma, las características, las situaciones actuales y se refiere perfecto a la razón primordial de la mediocridad, nuestro cuerpo genéticamente a través del sistema nervioso autonómico busca homeostasis (mediocridad). Nuestro sistema de creencias nos hace buscar el *statu quo* y se pelea constantemente con ese cambio del cual nadie puede escapar.

Hay una ley natural que dice que si no estás creciendo estás muriendo, es ley biológica, todas las especies pasan de crecer a empezar a morir, es ley en las organizaciones, cuando una empresa deja de perseguir crecimiento empieza su declive, es ley en las personas, si no estás buscando crecer estás decreciendo. Y creo que de algún modo tienes este libro en tus manos porque estás buscando desafiar ese *statu quo* y te interesa crecer.

El *statu quo* no existe en la naturaleza, todo cambia, todo se mueve aunque parezca que no hasta los glaciares milenarios están en movimiento. Tampoco existe en tu vida, porque todo se mueve, tus condiciones y circunstancias actuales no son las mismas de ayer ni las mismas de mañana, el perseguir un *statu quo* es en ocasiones más trabajo que avanzar.

Yo imagino la vida como un río por el cual vas navegando, a veces con la corriente, a veces hacia un lado o hacia el otro, cuando el cauce es más grande la corriente es menos fuerte y es más fácil de navegar, cuando el cauce es más angosto la corriente será más fuerte y la navegación más complicada. Las cosas que valen la pena, los logros más grandes van a necesitar de navegar contra corriente en causes angostos. En un río para mantener la posición o el *statu quo* tendrías que remar incluso más que para navegar.

El sistema nervioso simpático no es muy simpático que digamos, de hecho está diseñado para asistirnos en caso de un evento donde necesitemos reaccionar rápido y utilizar todas nuestras habilidades, fuerza, reflejos, sentidos. Este se activa en caso de un peligro inminente que atente contra nuestra integridad o nuestra vida, seguro lo has sentido es como un Rush de adrenalina (si es), un ejemplo sería que estás viendo un hermoso atardecer en lo alto de una montaña y de pronto alguien simula como que te va a empujar del precipicio sin que tú lo hayas visto. Rápidamente se activa el modo de "lucha o huida" donde a través de químicos que manda el cerebro, aumenta la frecuencia cardiaca, la presión arterial, aumenta el tamaño de las pupilas, la frecuencia respiratoria se ve aumentada, afecta al sistema digestivo para reacción rápida de las viseras, incluso inhibe los lagrimales. En corto nos prepara para una batalla o para correr por nuestras vidas. Este es un proceso inconsciente que salva vidas, te obliga a reaccionar de la mejor manera para la supervivencia, sin pensarlo.

El único problema de contar con un sistema automático de supervivencia que hace que todo nuestro organismo funcione más rápido, es que el cuerpo no está diseñado para activarlo frecuentemente, y en la vida moderna lo activamos más de lo que nos damos cuenta a través de emociones negativas, como frustración, coraje, angustia y sobre todo estrés. Uno de los principales factores que desarrolla enfermedades crónicas y mortales, pero voy a tocar este tema un poco más a fondo en el capítulo que sigue.

Si te fijas el sistema nervioso autónomo tiene una labor muy importante en nuestro cuerpo, por un lado, controla todas las funciones biológicas y las regula de manera que haya un constante balance y por el otro tiene la capacidad de salvarnos la vida en un evento extremo, y esto lo hace de manera inconsciente, es decir tú no necesitas activarlo conscientemente lo hace por sí solo.

La mente inconsciente

Tu mente no nada más tiene la capacidad de controlar tus funciones corporales como los latidos de tu corazón, la sudoración, la digestión, la respiración, etc. También te ayuda con funciones que a la vista parecen simples, pero en realidad son sumamente complejas. El solo hecho de levantar un vaso con agua de una mesa es una función compleja en donde para poder levantarlo sin derramar el agua, se necesitan activar músculos, tendones, nervios, articulaciones y demás en una sincronía perfecta, todo derivado de la información que le dieron tus ojos en cuanto a distancia y forma, luego en cuanto lo empiezas a cargar hay un peso esperado después un peso percibido y haces correcciones en el momento y sin pensarlo conscientemente. En algún momento de tu vida, cuando eras muy pequeño el levantar un vaso con agua era todo un reto y la mitad de las veces derramabas los contenidos en la mesa, el piso y tu cara. Y seguramente escuchabas una voz exaltada diciendo ¡Con las dos manos!

Aprendiste a caminar, a correr a brincar y dependiendo de las actividades a las que te hayas expuesto aprendiste funciones complejas como los acróbatas, los jinetes de caballo, tocar el piano, escribir, utilizar un teclado, manejar un coche y muchísimos ejemplos más. Todo esto lo puedes hacer sin pensarlo mucho, solamente decides hacerlo y tu mente toma las riendas de lo que quieres hacer. Esta es la parte de tu mente inconsciente a la cual entrenaste para ayudarte con esas actividades corporales.

Desde que naces recibes instrucciones y límites, primero de tus padres, luego de tus maestros y cualquier figura de autoridad a la que respetes. Lo que se te dice y la forma en como se te dice va formando tu sistema de creencias, tu programación y tus paradigmas. A esto le llamo tu *software* mental.

La mente consciente es por donde entra toda la información, todo lo que captan nuestros sentidos, es por donde aprendemos, sentimos, vivimos, es por donde entraron todas las experiencias que hemos tenido desde que nacimos.

El Inconsciente es donde se almacena toda la información que hemos acumulado. Ocupa el 85 % de nuestra capacidad mental y es el que controla todas nuestras funciones fisiológicas a través del SNA.

Conforme vamos creciendo y madurando procesos como el abrir una puerta, masticar, caminar, manejar a la oficina, cepillarnos los dientes, bañarnos, cocinar, incluso procesos más complejos como escribir en la computadora, navegar Facebook, etc., todo el conocimiento y práctica de esos procesos se va acumulando en el inconsciente de tal forma que terminamos haciéndolo en piloto automático y no de forma "consciente", se dice que en promedio entre el 73 al 90 % de nuestras actividades diarias las hacemos a través del inconsciente o en piloto automático. Eso no es pensar, está trabajando la mente, pero no estamos pensando de manera consciente. La gran mayoría de la gente en el planeta vive su vida de manera inconsciente, repite el mismo día todos los días. Piénsalo, te levantas y seguro tienes una rutina mañanera la cual haces en automático, bañarte, cepillarte los dientes, el café, vestirte, desayunar, incluso el salir de tu casa para ir al trabajo, te subes al coche y hasta el orden en que lo arrancas y te pones el cinturón es automatizado.

El inconsciente tiene una función muy importante pues es capaz de procesar doscientas mil veces más datos por segundo que el consciente. Esto hace que no tengamos que "razonar" cada acción, lo que nos tomaría muchísimo más tiempo poder funcionar.

¿Alguna vez te ha pasado que vas manejando y pierdes la memoria de parte del trayecto? ¿O te pasas de la salida o de la vuelta que tenías que dar por venir soñando despierto, pensando en cualquier cantidad de cosas que llenan tu mente consciente? Que tal cuando vas a algún lugar cercano a una ruta que tomas habitualmente y sin pensarlo ya llegaste a tu oficina y no es el lugar a donde ibas. Y mi favorita cuando regresas a tu habitación con una tarea en específico y al entrar ya no te acuerdas la razón por la que estás ahí.

Una de las funciones más importantes del Inconsciente es cuando nos vemos en peligro, ya que nos obliga a reaccionar sin pensar, incluso sin saber lo que hicimos o como lo hicimos. Si tuviéramos que esperar a razonar la acción siguiente sin duda nos tomaría mucho más tiempo y quizá no zafaríamos de caer cuando nos tropezamos, o de mover la cabeza cuando nos avientan una pelota.

La información entra en el consciente, aprendemos y a través de la repetición se guarda en el inconsciente, es por ello que hacer café, abrir una puerta, caminar, comer, y demás actividades diarias, ni siquiera pensamos y en ocasiones ni siquiera nos damos cuenta o nos acordamos.

¿Te ha pasado que no te acuerdas de tu mañana, o partes de ella?

Cuando los expertos en algún tema a través de la constante repetición y práctica llegan a ser expertos, por ejemplo hablemos de un boxeador. Al verse atacado su inconsciente se va a defender muy diferente a alguien que nunca se ha peleado en la vida. Un escalador, al tropezar va a reaccionar de una manera muy diferente al que nunca ha escalado.

En tu trabajo lo más seguro es que seas un experto en hacer lo que haces, no me refiero a que esto te traiga resultados positivos o sobresalientes, pero eres tan bueno haciendo o que haces y lo haces tan seguido, que lo haces en automático. Lo malo de esto es que te consideras experto en ciertos temas, en ciertas actividades, y hasta en ciertas habilidades y te cierras a cualquier aprendizaje mayor. Puedes ser muy bueno en algo, pero siempre habrá algo más que aprender, la mediocridad te hace pensar que ya no hay más, por eso es importante mantener una mentalidad de principiante. Tu mediocridad te hace sentir que ya no hay más que aprender, porque aprender cuesta trabajo, y pensar que todavía puedes aprender no alimenta tu ego, ser experto en un tema es aprender sobre el tema todos los días.

Cuando hablo de aprendizaje y de mantener una mentalidad de principiante, me refiero a no dejar de aprender cosas nuevas nunca, aunque para poder seguir aprendiendo nos vamos a poner incómodos, y vamos a recibir una resistencia natural de nuestra mente, porque siempre va a buscar la comodidad.

Cuando ves a un principiante, pone atención en todo lo que hace, lo que le dicen, no hay nada que se le escape, en cuanto empieza a aprender, pierde el interés y la motivación, poco a poco entrando en una zona de confort mayor, hasta llegar al estancamiento.

Al hablar de que la gente no piensa, es porque después de aprender de todo en sus primeros años de vida a una velocidad incesante y poco a poco haciéndose más lento, tarde o temprano llegas a una estabilidad, si te quedas conforme en esa estabilidad, día a día vivirás el 90 % de tu día en piloto automático y el diez por ciento lo vas a ocupar en pensar nimiedades, hoy más que nunca el mundo está lleno de distractores. Los distractores son todo aquello que tienes alrededor donde puedes poner tu mente consciente y no pensar por ejemplo los sistemas de entretenimiento en la palma de la mano, es muy fácil que el diez por ciento de uso de tu mente lo desperdicies en esos distractores.

¿Cuántas veces abres el teléfono para una tarea especifica y de pronto te das cuenta de que estás navegando sin sentido en redes sociales?

La programación de tu mente inconsciente no solo ocurre cuando eres niño, sino que a través de tu vida va aprendiendo el cómo actúas, y con base en tus acciones y comportamientos, cuando llega un estímulo o una situación igual vas a reaccionar de la misma manera casi sin pensar.

Si eres de las personas que dejan pasar oportunidades por falta de preparación, cuando tengas la preparación las vas a seguir dejando pasar de la misma manera sin pensarlo, si de joven tuviste una mala relación con el dinero, y eras de los que decía *"el dinero no importa"* y te convenciste de esto, en tus años más maduros vas a dejar pasar esta programación como una verdad y seguirás teniendo una mala relación con el dinero. Capaz y la mala relación con el dinero es de tus padres y por el simple hecho de vivirla a diario mientras vivías con ellos la tienes programada en tu mente.

Tu mente inconsciente tiene la capacidad de mantenerte en mediocridad toda tu vida, porque esa es su función, ayudarte a hacer las cosas de manera habitual sin pensar, esa es la fórmula perfecta para mantenerte trabajando duro en tratar de mantener la posición en el río del que hablábamos anteriormente. Tu mente mediocre te tratará de convencer de que es más fácil y lo único fácil de esto es no tener que decidir, no tener que pensar, simplemente actuar de manera inconsciente y seguir y seguir y seguir.

Tu mente mediocre

Querer pertenecer a la media

Desde niños tenemos la necesidad de pertenecer, de sentirnos aceptados y cobijados, primero en tu familia después con amigos en la escuela, con los vecinos y así hasta incluso en la Universidad y hasta en el trabajo.

Inconscientemente para que una persona se sienta que pertenece y para poder ser aceptada en diferentes grupos en donde quiere pertenecer a lo largo de su vida invariablemente empezará a adoptar la misma forma de hablar, la misma magen en ropa, corte de pelo, misma forma de actuar y responder. Mismas creencias, mismos límites.

Hay personas que pasan de un grupo a otro conforme van madurando o creciendo porque se dan cuenta de que quieren pertenecer a otro grupo, o por qué se dan cuenta de que quieren ser diferentes.

Esto es lo más importante aquí, querer ser diferentes. Tienes ciertas expectativas de los grupos a los que te unes, también ciertas predisposiciones de lo que el grupo va a hacer para ti. Pero ningún grupo te va a dar exactamente lo que quieres o necesitas para ser la persona que quieres ser.

Al final la gran mayoría de la gente se conforma con el grupo en el que está y asume que es parte de ese grupo, con las mismas características, los mismos límites, las mismas costumbres y hábitos.

Piénsalo: cuando necesitas consejo de cómo hacer algo específico, le preguntas a tu grupo de personas cómo lo hacen ellos, y sus consejos estarán basados en ese mismo nivel de límites de hábitos y sobre todo de conciencia.

Tú sabes las limitantes de tu grupo, pero aun así les preguntas consejo de negocio, siendo que ninguno tiene un negocio del todo exitoso, o consejo de relaciones de pareja cuando todos tienen problemas similares, consejos de dinero, consejos de financiamiento, consejos de lo que sea. Pero capaz y no te has dado cuenta conscientemente de las limitantes de tu grupo.

"Si eres la persona más inteligente o más capaz de un grupo de personas, cambia de grupo."

No tomes esto como que quiero aconsejarte romper amistades, lo único que quiero es crear conciencia de las limitantes de cada grupo.

Yo tengo un grupo de amigos con los cuales entreno en el gimnasio, y lo mejor de estar en un grupo de gimnasio es que todos tienen talentos diferentes, si quiero un consejo referente a deporte le preguntaré a uno de los otros entrenadores, si quiero un consejo de cocina le preguntaré al chef, si quiero un consejo de negocio le preguntaré al que tiene negocios más exitosos que yo y así no le preguntaré al entrenador del gimnasio un consejo legal, tampoco le pediría opinión sobre mi matrimonio al divorciado.

"La mediocridad se protege en grupos, porque los mismos miembros la cultivan, promueven y cuidan"

El traer a un grupo, un proyecto que se sale de la norma de las condiciones del grupo, siempre hay negativa, y esto puede ser por cuatro razones:

1. Se sale de la capacidad de los miembros, no lo entienden, está por encima de su nivel de conciencia entonces no lo ven posible.
2. Es como ponerles un espejo enfrente en donde se les demuestra a los miembros dónde están y que no son ellos los que están buscando salir del hoyo.
3. Si ellos no lo están haciendo, nadie lo debe de hacer
4. Si creces dejas al grupo, el grupo necesita que todos sus miembros tengan las mismas características.

Jim Rhone dijo: *"Eres el promedio de las cinco personas que te rodean"*

El ser del montón se apoya de estar en grupos de personas con el mismo nivel de pensamientos, el mismo nivel de resultados y el mismo nivel de vida en todos los ámbitos de sus vidas.

Veo gente todo el tiempo pidiendo consejo a sus compañeros, en donde el divorciado aconseja sobre matrimonio, el quebrado aconseja de finanzas, el gordo sobre dietas, ya ves por dónde voy.

Tengo un amigo que es muy metódico en la forma en como toma decisiones, y hace unos meses tenía la intención de cambiar de coche, comparó todos los vehículos del mismo rango y características similares para tomar la mejor decisión, y cuando llegó a la conclusión de comprar uno en específico por todas sus características tomó la decisión de comprarlo.

Cuando lo volví a ver ya con su nuevo coche, vi que no era el que me había contado que se iba a comprar así que le pregunte la razón y su respuesta fue:

"Es que mi vecino de oficina tiene uno igual y me dijo que no le había salido muy bueno, que se la pasa llevándolo al taller"

Mi amigo después de una investigación propia, con datos duros, con opiniones profesionales y críticas reales, se dejó llevar por el consejo de una sola persona, y con todo y que le quiero creer al vecino de oficina, estoy seguro se está dejando llevar en su opinión por sus propias emociones uno y dos la mala experiencia de una persona cuando miles han tenido buenas experiencias, no tendría por qué guiar la opinión de mi amigo.

Pero así somos los seres humanos, confiamos más en la opinión de una persona a la que conocemos y le hemos dado un nivel de confianza o respeto que las estadísticas y los datos duros. Por eso las campañas publicitarias reclutan celebridades con las cuales el público ha generado una relación a través de sus múltiples presentaciones y les das la confianza de que te digan que un producto que quizá nunca utilicen ellos mismos en lo personal, es el que tienes que comprar, y lo compras.

Prueba social

Es un fenómeno psicológico, por el cual una persona asume las acciones de otros con la intención de reflejar comportamientos correctos para situaciones específicas.

Los humanos necesitamos una visión más o menos certera del mundo para poder sobrevivir. Si tu modelo de realidad es ampliamente diferente del mundo, entonces te cuesta trabajo tomar decisiones y acciones adecuadas todos los días. Pero verdad, creencia, realidad y que tan apegadas a la realidad están no son las únicas cosas que le importan a la mente humana. Los humanos tenemos un deseo muy profundo de pertenecer.

Somos animales de rebaño. Queremos pertenecer, crear lazos con otros, y a la vez ganarnos el respeto y aceptación de nuestro rebaño. Y ese comportamiento es necesario para la supervivencia. Todo a lo largo de nuestra historia evolutiva, nuestros ancestros han vivido en tribus. A la fecha se usa el término en grupos de personas con algún interés en común, el separarte de tu grupo o peor el que tu grupo te saque, sería como una sentencia de muerte, sobre todo para nuestros ancestros que necesitaban del grupo para sobrevivir.

El entender la verdad de una situación es importante pero también el poder seguir perteneciendo a una tribu. Y mientras estos dos deseos por lo regular funcionan muy bien juntos en ocasiones están en conflicto.

En muchas circunstancias esa conexión social te sirve más en tu vida diaria que entender los hechos de una idea o concepto en particular. A esto se le puede llamar también un sesgo social, donde tu tribu inconscientemente genera decisiones y comportamientos en tu subconsciente como en el ejemplo del coche que mi amigo compró.

Un psicólogo de Harvard de nombre Steven Pinker dice que la gente es aceptada o condenada de acuerdo con sus creencias, así que una de las funciones de la mente es aferrarse a creencias que le traen a la persona que las cree el mayor número de allegados, protectores o discípulos en vez de creencias que sean ciertas.

No siempre creemos cosas porque son ciertas. A veces creemos cosas porque nos hacen ver bien ante la gente que queremos, respetamos y aceptamos nosotros mismos.

Nos importa cómo nos trate la demás gente y la mente acepta creencias que generaran que la gente nos trate mejor. Cuando estamos en conflicto entre una creencia falsa y una verdad en hechos, pero las falsas tienen esa connotación social, la mayoría de la gente acepta a los amigos y familia sobre los hechos y la verdad.

"La gente promedio prefiere tener razón a ser rica"

"La gente promedio prefiere tener razón a ser físicamente apto"

Sesgo cognitivo

Es un efecto psicológico que produce una desviación en el procesamiento mental, lo que lleva a una distorsión, juicio inexacto, interpretación ilógica, o lo que se llama en términos generales irracionalidad, que se da sobre la base de la interpretación de la información disponible.

Los sesgos o desviaciones cognitivas según la psicología es también un rasgo de adaptación durante la evolución de los humanos, así como a través del sistema autonómico podemos actuar antes de hacer un análisis de la situación en automático cuando nos vemos en peligro, de la misma manera el seguir a la manada en una decisión, o seguir los concejos de una figura de autoridad, nos puede llevar a tomar decisiones.

Sesgo de supervivencia, no veas solamente el éxito, ve todos los fracasos que llevaron a ese éxito.

Las nuevas ideas se sabotean en las organizaciones; si hay nuevos modelos de negocio que funcionen lo más seguro es que requerirá de gente nueva con nuevas habilidades o que los anteriores aprendan esas nuevas habilidades, lo que representa que los "mejores" en el modelo anterior pierdan su estatus. Así que de manera consciente o inconsciente sabotean nuevas ideas porque son inherentemente amenazantes a la carrera que han estado construyendo por años. Esa es otra razón por la cual te tienes que seguir reintentando constantemente.

La mayor parte de mejoras que hacemos en nuestras vidas, sobre todo en nuestros hábitos, hacen muy poca diferencia, y está bien, así funciona. Nos pasamos tanto tiempo buscando cambios, transformaciones en un solo paso, con una pastilla mágica, que no podemos admitir que estamos buscando la salida rápida, nada más porque no puedes cambiar todo de un jalón, no quiere decir que no puedas mejorar. En la mayor parte de casos únicamente vas a ver una pequeña mejora, una pequeña ganancia en cada acción.

Un día de entrenamiento en el gimnasio generará muy poco músculo pero lo genera. Así funciona y no lo estás haciendo mal si estás obteniendo resultados muy chicos. La gran mayoría de estrategias te dan resultados diminutos y requieren de un constante y consistente proceso de acciones diarias.

Harris el autor de *Adapt* dice que si estás yendo con un *coach "El límite no es tu coach, el límite es la relación de coaching, hace una pequeña diferencia, pero la hace"*. Lo mismo aplica para una terapia psicológica, el límite es la terapia y hace cambios de a poco. La clave, la pastilla mágica es abrazar estas pequeñas ganancias marginales y continuar en vez de abandonarlas por pequeñas.

Tu mediocridad escucha consejos de otra gente mediocre acerca de cómo mantenerse en mediocridad para alimentarse de ellos. Y evita que escuches a los expertos, a gente con un nivel más elevado de experiencia, pensamientos y resultados, porque eso implicaría poner en riesgo el *statu quo*.

El *statu quo* es una adicción, está en la mente, pero se comporta químicamente como una adicción cualquiera, en el capítulo que sigue vamos a platicar de la mediocridad como adicción.

Capítulo 5

ADICCIÓN AL MONTÓN

"El hombre promedio no quiere ser libre. Simplemente quiere estar seguro"
HL Mencken

Como cualquier adicción, el camino que piensas que es el más fácil es el de seguir como estás, y mantener la adicción aunque a la larga ese camino sea el más difícil. En la vida, en el mundo en el que vives esa adicción se llama *statu quo*. La falsa promesa que el estar en donde estás es seguro, la falsa promesa de que seguir el camino pavimentado es el más fácil y seguro.

Esa sensación de hacer lo mínimo, de lo suficientemente bueno...

En capítulos anteriores analizamos un poco como funciona la mente mediocre y de donde viene, pero dejamos de lado algo muy importante que afecta a la gran mayoría de las personas hoy. Esto no es nuevo, pero por la forma en como ha avanzado la tecnología se da más y más.

La mente mediocre busca propósito en la validación de la sociedad, así como necesitas pertenecer a un grupo o grupos y que estos te acepten y reconozcan, también tenemos un sistema educativo y una sociedad que busca que los niños y los adultos no se sientan menos, mencioné como en las escuelas generan competencias sin competencia en donde todos los participantes se llevan una medalla, haciendo a todos sentirse iguales y en vez de hacer sentir mal al que corre despacio, estamos haciendo sentir mal al que corre rápido y en eso quizá quitarle las ganas de correr más y más hasta sobresalir. Por un lado, la sociedad promueve una igualdad de condiciones en todos, pero, por otro lado, las redes sociales facilitan el promover falsamente tu vida diaria.

Los niños y adolescentes pasan horas en redes sociales, se toman millones de fotos y videos, los cuales editan y escogen con escrutinio para ver dónde se ven mejor, y lo que esto genera es que cada vez que desechas una foto o la editas para verte mejor, te estás rechazando. Te estás mandando un mensaje inconsciente de no ser lo suficientemente bueno. Todo lo que vemos en redes es lo que la demás gente quiere que veamos, se portan como celebridades, promueven sus viajes, sus momentos felices, sus cuerpos esculturales y al mismo tiempo tapando sus momentos tristes y sus defectos.

"Tú eres la única persona que se ve tras bambalinas, todos los demás te ven en el escenario"

El escenario sea cual sea, es la forma en como buscas validación, cuántas vistas tiene mi video, cuántos likes tiene mi foto. Es una validación falsa, porque en realidad no genera diferencia en tu vida. Es el tipo de validación como si todo el tiempo estuvieras buscando que te dijeran lo bien que haces las cosas, lo guapa que estás, lo bien que te queda la ropa, el buen gusto que tienes, etc. Las personas que te quieren, respetan y admiran, te harán algún comentario de halago, pero no todo el tiempo.

El buscar propósito a través de la validación de los demás es la primera causa de esa adicción, así como en redes sociales buscas tener éxitos por lo que los demás duran de esos éxitos. Dinero, coches, joyas, viajes. La búsqueda de admiración y envidia te mantendrán en un ciclo vicioso que no tiene fin. Conforme aumenta tu capacidad, aumentan tus éxitos, conforme estos aumentan cambian o se incrementan tus grupos los cuales tendrán también mayores expectativas de ti o por lo menos en tu mente entonces buscarás tener más cosas y más éxitos para tener mayor validación. Nunca tendrás suficientes coches, o de suficiente precio, nunca tendrás el cuerpo de tus sueños porque conforme te acercas a ese cuerpo tan deseado van aumentando tus expectativas, nunca tendrás suficientes likes y seguidores. No, si sigues buscando el propósito de lo que haces a través de esa validación por comparación.

Un poco más de la respuesta automática

Las madres pavas son de los animales más cariñosos y protectores que se podría considerar con un instinto materno muy desarrollado. Uno de los enemigos naturales es la comadreja, quien ataca sus nidos y trata de comerse a sus polluelos. Cuando una pava percibe a una comadreja la ataca con mucho aleteo y chillido y picotea como con ímpetu asesino para alejarla. Incluso si se le pone un peluche con forma de comadreja la ataca igual.

El etólogo M.W. Fox publicó en 1974 una serie de experimentos con estas pavas y sus polluelos que te sorprenderán. Resulta que los pequeños polluelos tienen un *"chip, chip"* muy particular, y este sonido genera en la mamá pava ese instinto materno y protector de sus polluelos, tanto que si uno de ellos no emite ese sonido, no lo protege ni alimenta y en ciertos casos hasta los mata como si pensara que se tratara de un depredador. Al poner un peluche de una comadreja en su nido con una grabación de ese *"chip, chip"* no solo no lo va a atacar, sino que además lo protegerá y tratará de alimentar.

Así como las mamás pavas actúan de manera instintiva a un sonido que hacen sus polluelos y tienen una respuesta automática, así también los seres humanos preferimos actuar en piloto automático cuando los estímulos son conocidos y en ocasiones pensamos que están probados.

En el libro de *Influencia* por Robert Cialdini explica cómo los profesionales en mercadotecnia, vendedores, políticos y hasta religiosos utilizan estas respuestas automáticas para generar sumisión, por sumisión me refiero a acceder a lo que el profesional en sumisión requiere de nosotros, un sí y casi siempre una apertura de tu cartera. La razón por la cual se pueden aprovechar de la respuesta automática de los consumidores es simple. Es más fácil no pensar y dejarnos llevar por cómo hemos entrenado al subconsciente.

Así como las pavas actúan de manera automática, los teólogos han encontrado ese tipo de comportamiento en muchas otras especies. Tanto que algunas especies a través de la evolución han aprendido el comportamiento automático de sus presas o depredadores para engañarlos, a este tipo de organismos se les denomina miméticos:

De dos especies de luciérnagas, una de ellas es carnívora *(Photuris)*, para poder atraer a los machos de la otra especie *(Photinus)* quienes sabiendo el peligro que corren, tratan de evitar contacto alguno con las hembras sanguinarias *Photuris*.

Estas hembras han aprendido que hay un cierto código de apartamento, un cierto tipo de parpadeo para avisar al macho que están listas para aparear. Los machos en respuesta automática acuden al llamado y cuál será su sorpresa que se convierten en la cena.

En el Caribe los meros utilizan el servicio de limpieza de peces más pequeños que se meten a la boca del mero y se comen hongos y parásitos adheridos. Es un buen acuerdo: el mero se lava los dientes y el pez limpiador cena.

El pez limpiador para evitar convertirse en la cena del mero tiene una forma muy particular de nadar en donde pareciera que baila de manera ondulante, esto le avisa al mero quién detiene su movimiento y abre la boca.

Hay un pez de dientes muy afilados de la familia de los blénidos de tamaño similar al de los peces limpiadores quien ha aprendido la danza de estos y cuando el mero detiene su movimiento y abre la boca, le lanza un mordisco en el costado arrancándole un pedazo de carne. Para cuando el mero se da cuenta qué pasó y trata de defenderse el pequeño pez de dientes afilados ya está fuera de peligro.

Este comportamiento se repite en la jungla humana, donde algunos oportunistas han aprendido comportamientos automáticos en las personas y los utilizan para su propio beneficio.

¿Cómo utilizan la respuesta automática los profesionales de sumisión?

Aquí unos ejemplos:

- La psicóloga social Ellen Langer tenía la teoría de que al pedir un favor a alguien logramos mayor probabilidad de conseguirlo si damos una razón.

A la gente que hacía fila para utilizar una fotocopiadora en una biblioteca le pidió *"Disculpe, tengo cinco páginas que fotocopiar, ¿podría dejarme pasar adelante porque tengo mucha prisa?"* Con esta petición el 94 % de las personas la dejaron pasar.

Después hizo la petición de manera distinta "Disculpe, ¿me deja pasar?, solo tengo cinco páginas que fotocopiar" con esta pregunta consiguió que únicamente el 60 % de personas que accedieran a su petición. Pareciera que la pequeña diferencia en la frase podía ser la prisa de la gente.

En una tercera petición se demostró algo diferente *"Disculpe, tengo cinco fotocopias que hacer, ¿me dejaría pasar es porque tengo que hacer fotocopias?"* El resultado de esta petición fue del 93 % de complacencia, esto demuestra que la diferencia no es la razón sino simplemente tener una razón.

Capaz y con este experimento podemos entender no solo como pedir un favor sino también la respuesta automática de los niños cuando se les pregunta la razón de alguna actitud o acción y te responden: *"Porque sí"*. ¿Será que los niños se dan cuenta de que nada más necesitas tener una razón y todo estará bien?

- En época de descuentos en las tiendas, en México tenemos el "Buen Fin", en otros lugares el *"black friday"* o el ahora ya famoso *"cyber monday"* se ha convencido a la gente que todas las tiendas tendrán descuentos increíbles y que vale la pena comprar.

En muchos casos, las grandes tiendas si ofrecen algún tipo de descuento o servicio adicional como entrega en el mismo día. El objetivo de este libro no es criticar ni las fechas de ventas especiales ni a las tiendas que utilizan diversas estrategias para generar más ventas, pero en otro estudio social, que se dio por error, se mandaron desde una tienda específica cupones de descuento a sus clientes, el error fue que al imprimir el cupón no tomaron en cuenta el descuento y el precio permanecía igual, más, sin embargo, hubo un alza en las ventas esa temporada de más del 30 %.

- Imagina que estás entrando a una elegante tienda de ropa con la intención de comprar un traje y un suéter. A los vendedores de ropa se les instruye que deben vender primero el artículo más caro. La razón es por un principio psicológico llamado de contraste, si ya gastaste una cantidad importante en un traje, el suéter por más que sea muy caro en contraste aparecerá no serlo. Si te muestran primero el suéter quizá tengas un rechazo al percibir el alto precio del mismo.

Esta también es la razón por la cual terminas pagando más dinero por tus viajes en aerolíneas económicas, ves el precio del boleto de avión para tus vacaciones en la playa, sientes que el ahorro es grande pero después vienen los extras, más espacio de asiento, la maleta extra, el seguro. Todo a precios pequeños y por eso accedes. Pero al final quizá termines pagando más que si hubieras comprado en una aerolínea que ya incluye todos los extras.

En diferentes estudios psicológicos se ha demostrado que la gente en su mayoría no compra por precio, solamente el 17 % de los compradores toma la decisión por precio, la idea de esto es hacerte reflexionar un poco en cuanto de lo que compras regularmente lo haces en respuesta automática.

La respuesta automática es la manera más fácil de ir por la vida, es la manera en como le dejas todo el trabajo de las decisiones diarias a tu subconsciente, y es una función necesaria pues de lo contrario estarías constantemente abrumada con todas las decisiones que tienes que tomar en un día en todos los ámbitos de tu vida. La respuesta automática es una herramienta para liberar a tu mente de la sobrecarga cognitiva, pero es también una herramienta de la mente mediocre de mantenernos en el *statu quo*.

No es sorpresa que seguir el camino de menor resistencia se convierta en una adicción, es la manera fácil, es lo que hacen los demás, es el estilo de vida que vemos alrededor, la primera adicción que vamos a analizar es aquella que persigue el camino de menor resistencia en automático.

Adicción a las preocupaciones, el modelo del hongo

Criterios heurísticos

Diálogos de mediocridad

¿Te hablas?

Más al punto, ¿tienes diálogos diarios contigo?

Por ejemplo hoy iba camino al gimnasio a la mitad del día y me tenía que apurar porque tenía varios compromisos y siempre me gusta programar dos horas para estar en el gimnasio a mis anchas, con calma y entrenar cómo me gusta. Para mí ese tiempo en el gimnasio es un tiempo egoísta, es mío y para mí. Por lo general me llevo audífonos y escucho algún audio libro. Sé que suena súper *nerd*, pero como tengo déficit de atención si mi cuerpo está haciendo alguna actividad, se me facilita poner atención a lo que escucho. Si el esfuerzo es muy fuerte, no entiendo nada y tengo que regresar treinta segundos o más, pero bueno es un gusto y mi proceso.

La cosa es que tenía tanta prisa que tuve que regresar a mi cuarto varias veces, una por los tenis, otra por los audífonos, después ya estaba en el coche y en camino y me tuve que regresar porque había olvidado mis aminoácidos. Regresé a la casa y cuando emprendo de vuelta el camino, me di cuenta de que no traía mi teléfono así que tuve que regresar una vez más, no nada más a la casa, sino a mi cuarto para buscar mi teléfono. Y en vez de solo tener hora y media para poder entrenar, tuve una hora y eso por tratar de hacer muchas cosas a la vez y de prisa.

Pero el punto al que quiero llegar es que mientras todo eso pasaba, estaba yo en constante diálogo conmigo mismo, algo que sonaba así:

- Qué *wey* estás... se te olvidó esto.
- No inventes, ¿cómo puedes ser tan tonto?
- Qué bruto eres, claro, por andar a las carreras.
- El teléfono... no puedo estar más menso.

La cosa es que a veces me hablo en primera persona, a veces en tercera, pero me hablo mucho, más cuando es algo negativo. Digamos que me regaño y es una forma de ventilar la frustración de mis propios errores.

Pero el hablarnos va más allá de ventilar, por ejemplo tú eres la persona que mejor te conoce, pero también eres la que se juzga más crudamente a veces exagerando, por otro lado, te conoces tan bien que sabes cómo convencerte de que algo que hiciste o dejaste de hacer no es importante para no sentirte mal.

En mi ejemplo, mi mediocridad y yo estábamos de acuerdo, metí la pata no una, ni dos. Metí las cuatro.

¿Qué pasa cuando tienes un sueño, digamos emprender un nuevo negocio, querer aprender algo nuevo, intentar una nueva estrategia de marketing, invertir en algo nuevo? Cosas que seguramente te pueden traer un retorno sobre la inversión importante, pero conllevan un riesgo intrínseco, además de un esfuerzo consciente.

Como hay riesgo, eso ya no le gusta a tu mediocridad, la pone mal, ¿qué pasa si lo que pretendes hacer resulta bien y la dejas atrás?

Eso no le gusta en lo más mínimo, se tiene que proteger, su existencia depende de ello; entonces tu diálogo interno ya no es solo contigo sino que ahora estás hablando con tu mediocridad, la cual tiene una agenda muy importante que es: mantenerse viva; y a ti mantenerte en el *statu quo*, o en palabras simples "estancado".

Tu mediocridad te conoce mejor que nadie, es más, hasta te diría que te conoce mejor de lo que te conoces tú, y se sale con la suya diez de nueve veces.

Y claro que tiene que ver con todo lo que ya analizamos en capítulos anteriores:

- Tus creencias
- Tus paradigmas
- Tus hábitos
- Tu programación
- La influencia de la sociedad, de tus padres y de figuras de autoridad
- Tu entorno
- Tu círculo cercano y sus consejos mediocres
- La genética.

Solo que ahora, tu mediocridad no solo usa todas esas herramientas que tiene a su disposición, sino que usa la más poderosa de todas y es conocer tus debilidades, tus gustos, tus disgustos, tus vicios, tus placeres y tus dolores, para protegerse de sentir dolor, incomodidad, malestar y únicamente buscar bienestar, comodidad, placer.

Al hacerlo evita que tú te arriesgues, que busques algo nuevo, que emprendas, que aprendas, en resumen que crezcas.

Hay una ley natural biológica que habla de como si no estás creciendo estás muriendo, y si bien tu mediocridad te protege de no sufrir, de no sentirte incómodo. Necesitas estar incómodo para crecer, por lo cual tu mediocridad, la cual cree fervientemente que protege el *statu quo* para que tengas mejor vida sin saberlo te está matando, porque si bien no puedo decir que estás muriendo al no estar incómodo para crecer si te puedo decir que al no crecer estás decreciendo.

El *statu quo* en la vida de una persona es una falacia, no existe, y no existe porque no hay nada que pueda mantener una estabilidad.

Si estás flotando en un río, la corriente te empuja, si te quieres mantener firme en la misma posición tienes que remar, y si quieres avanzar tienes que remar más rápido y más fuerte.

Un barco a la deriva no se queda en la misma posición, lo empuja el viento y las corrientes, no hay manera de hacer que un barco en alta mar se quede en la misma posición sí no es con trabajo y energía.

Es más difícil tratar de hacer que un barco se mantenga en la misma posición, que hacerlo avanzar. Requiere tanto trabajo y concentración quedarse en el *statu quo*, que más vale avanzar y dejarnos de tonterías.

Cuando tu mediocridad empiece a hablar incontrolablemente es un muy buen síntoma, quiere decir que estás haciendo algo bien, lo malo es que es muy difícil no escucharla porque en el fondo crees que el que te habla eres tú.

Hace muchos años tomé un curso para licenciarme en veleo deportivo, un curso sumamente divertido, y más que nos tocó un poco de mal clima en el Mar de Cortés y tuve que trabajar el doble, pero creo que eso me hizo aprender mejor como funciona todo en un pequeño velero.

Uno de los días del curso, tenía yo que practicar una maniobra que se llama *"al pairo"* que consiste básicamente en poner el velero completamente en dirección contra el viento para entonces poner la vela de foque a tras viento y la vela principal con el viento lo que resulta en un frenado de la embarcación. Y si bien es una maniobra sencilla, la primera vez que la tratas de realizar pasan infinidad de cosas que te complican. La primera complicación por supuesto que es tu mediocridad que te platica todas las cosas que van a salir mal y porque no deberías ni de intentarlo. Después te cuenta como tú no tienes la experiencia ni la habilidad para hacerlo y te reclama que no lo hagas. Y ya como último recurso te dice lo malo que está el clima, la corriente y el viento, quizá lo debas practicar en otra ocasión. Si esto todavía no te convence, empezará a hablar mal del instructor y del barco, es más hasta de la gaviota que decidió aparecer en ese momento.

Ya que logré vencerla y empezar la maniobra, obviamente llega el estrés del momento, la adrenalina y la prisa pensando que algo va a salir mal si no haces lo necesario en el momento preciso y de prisa.

Estaba tan preocupado por hacer las cosas rápido y precisas que todo me estaba saliendo mal, así como la historia en donde me olvidé de todo para ir al gimnasio. En ese momento, el instructor me detiene y me dice *"suelta todo"* lo que me sorprendió durísimo, obvio no solté nada, entonces se me acercó y me ayudó a soltar. ¿Sabes qué pasó?

¡Nada!

No pasó nada, el velero está diseñado para apuntar contra el viento cuando no tiene velas, esto lo ayuda a que con la correcta posición de las velas pueda tener un ángulo cerrado para navegar contra el viento. Entonces al soltar todo, el velero se apunta a donde lo avienta el viento según las velas, si estas están sueltas solamente hacen mucho ruido y papalotean sin cesar, pero llega un momento de calma, y ahí puedes repensar, retomar, reempezar y lograr la maniobra.

Esto me enseñó una gran lección porque cuando más estresado y presionado estás, cuando más sientes que tienes que poner manos a la obra, decidir, hacer, más te vas a equivocar, pero si sueltas todo y te das un momento para pensar, no pasa ¡Nada! Al contrario, te das el tiempo de decidir mejor, de repensar, de reempezar, de hacer las cosas bien.

Cuando tu mediocridad esté encima de ti, con una conversación superpesada en donde ya te dijo todo lo malo, todo lo que va a pasar mal, lo malo de las personas con las que estás, lo malo e inútil que eres y cómo las condiciones no son las propicias y no la puedes convencer de lo contrario o peor sientes que te está convenciendo lo primero que tienes que hacer es "soltar todo" y preguntarte la razón por la cual estás en esta situación. Acordarte de lo que quieres lograr y su razón. Cuando te des cuenta de que esto es algo que quieres lograr puedes platicar con tu mediocridad y darte la oportunidad, y mientras estés tratando de lograrlo y tu mediocridad te siga hablando al oído diciéndote todo lo malo que va a pasar, tienes que acordarte de que en cualquier momento puedes soltar todo y re empezar, eso por lo general calma a tu mediocridad, y si no la calma "suelta todo" y empieza de nuevo, tu mediocridad se va a cansar, porque encima de ser intensa es floja y como le gusta lo fácil se va a dar cuenta de que estás convencido de lograr tu cometido y te va a dejar en paz, eso si, no te confíes, porque ella sabe cuándo empiezas a flaquear y ahí se fortalece nuevamente.

Tu mediocridad es un ser viviente, no porque sea un monstruo que tienes dentro, es parte de tu subconsciente, está en tu mente, y la relación que fomentes con ella es la manera más fácil de controlarla. No la puedes forzar con mera voluntad, porque es más fuerte que tú y cuando estás cansado inconscientemente quieres esa comodidad que te promete, no quieres estar incómodo.

Al final de la introducción del libro te hice una pregunta, que al final del día es una pregunta para ti: ¿La palabra "mediocre" te ofende?

En mi experiencia, se le da una connotación negativa a una palabra que no es negativa, solamente describe una característica, es un adjetivo que se puede aplicar a cosas o a personas. Pero si la escuchas y te ofendes esto habla de ti y deberías escuchar la razón por la cual te ofende o no te ofende.

Le he hecho la pregunta a muchas personas, y la gran mayoría se defiende y dice las razones por las cuales considera que no es mediocre, siendo que en ningún momento y por ningún motivo me referí con la pregunta a su muy particular situación.

Ahora una cosa es la palabra como tal y otra es llamarle a alguien mediocre, ahí depende del tono, del motivo y hasta del contexto, ahí si se podría usar como un insulto, pero, ¿si alguien te dice tonto?

¿Te ofendes?

Le hice la pregunta a mucha gente también y el decir tonto, es un insulto tan simple o "bobo" como me lo describieron varias personas que no le dan importancia.

Resulta, que cuando te insultan o te quieren insultar con algo que sabes, que tienes la certeza que no eres, no le vas a dar importancia.

Sin embargo, cuando te llaman "mediocre" te hacen pensar si de verdad no será cierto que perteneces a ese grupo de gente que no tiene interés en sobresalir. Es un espejo virtual que te hace voltear a tu interior y ver si de verdad eres o no.

Mucha gente está cómoda como está, no tiene interés en "incomodarse" para cambiar su situación, lo más curioso de esto es que la gran mayoría de las veces el trabajo de mantenerte donde estás es más difícil que trabajar en cambiar lo que no te gusta, es más fácil remar para tomar rumbo que remar para quedarte quieto.

La persona que ya no se gusta en el espejo y sufre constantemente porque no le queda la ropa, porque no se quiere poner traje de baño para nadar, no se siente a gusto desnuda y hasta ha dejado de disfrutar las relaciones íntimas con su pareja por lo mismo, cada vez que se pesa en la báscula es estresante, frustrante y hasta siente un enojo profundo consigo misma, pero cree inconscientemente que es más fácil ese sufrimiento que dejar de comerse 15 donas a la semana y sobrecomer en cada oportunidad. Esta persona prefiere echarle la culpa al medio, al no tener tiempo, al costo de la comida sana, al estrés, a la mosca y al gobierno que no pueda perder peso y que se odie cada vez que se ve desnuda al espejo. Es fácil cuando no te haces responsable de tus actos, es fácil convencerte de que no tienes otra opción, pero lo único que es fácil es el no tomar la decisión de cambiar de hábitos, ni siquiera tienes que dejar de comer las cosas que te gustan, es un tema de no caer en extremos y por lo general la curva de pérdida de peso en alguien con sobre peso u obesidad es muy rápida. Rápida, mas no inmediata.

La persona que tiene constantes conflictos con su pareja, en donde, por cosas sencillas termina gritando, insultando y buscando en sus recuerdos todas las cosas por las cuales su pareja es todos los nombres e insultos que le acaba de gritar, esta persona no está buscando tener una mejor relación, está buscando el conflicto y está buscando ganarlo cada vez. Hay muchísimas personas que prefieren ganar la discusión antes de mejorar su relación, en su mente es más fácil y los hace sentir bien ganar.

La persona que se pelea en el coche, maneja agresivamente y siempre tiene conflicto con algún otro automovilista, grita, insulta y hasta en ocasiones se baja del coche para intimidar, esta persona busca ese conflicto, y seguramente lo usa para estar de mal humor en el trabajo y hasta con su familia, es más fácil estar de mal humor que sentirse abusado o pisoteado, con todo y que nadie tiene esa intención.

Son tres ejemplos muy sencillos y breves en dónde creo que todos nos podemos identificar un poco, la razón de que nos podamos identificar son las emociones negativas. Todos sentimos emociones negativas a diferentes estímulos. Pero es una decisión el escoger enojo, frustración, odio, celos, venganza o cualquier cantidad de emociones que sabemos sentir. Las emociones negativas son adictivas, son de esas emociones que generan infinidad de procesos químicos en nuestro cuerpo. Recibes el estímulo, y tu mente reacciona con enojo, manda una señal química al cuerpo para avisarle que estamos enojados y que tenemos que reaccionar, sientes el enojo en el pecho y gritas e insultas, entonces el cuerpo le avisa al cerebro que ya está enojado, para lo que la mente decide seguir pensando que otra cosa lo hace enojarse de esa situación en específico y sigue produciendo el químico que hace que el cuerpo se sienta enojado. Este proceso pone a tu cuerpo en el modo de Reacción o Huida, ese modo en donde el cuerpo produce cortisol y adrenalina además de otros procesos para alistar al cuerpo en una situación de emergencia, pero no hay emergencia simplemente estamos enojados.

Tienes la capacidad de sentir lo mismo que sentiste cuando te pusieron el cuerno, reprobaste, te insultaron, te menospreciaron, con tan solo acordarte del suceso.

Date un tiempo ahora, cierra los ojos y acuérdate de algo que pasó en tu vida que tuvo un efecto fuerte en ti, de esos momentos en tu vida que no se olvidan por lo fuerte de las emociones. ¿Te das cuenta cómo de nada más pensarlo, te empiezas a enojar y hasta lo sientes en el pecho?

El ego es la manera en como cada uno de nosotros se reconoce como lo que es, de la misma manera que cuando te levantas y te ves al espejo te reconoces, las emociones negativas son una manera de reconocernos como lo que somos. La persona que busca conflicto con otras personas necesita de ese conflicto o de ese enojo para reconocerse, porque ahí es donde esa persona es lo que es.

La sensación de culpa es adictiva.

La sensación de necesidad es adictiva.

La sensación de no tener es adictiva.

La sensación pobreza es adictiva.

Las sensaciones de enojo, frustración, celos, victimización, todas esas emociones negativas se hacen adictivas.

Es más fácil en la mente mediocre mantenerte sintiendo esas emociones negativas que tomar responsabilidad por tu vida y actuar de tal manera que no tengas por qué sentir esas emociones negativas.

Es más fácil decir no tengo porque no me alcanza y echarle la culpa a la economía, al gobierno y a cuantas situaciones se te ocurran.

Es más fácil decir estoy gordo porque no tengo tiempo de hacer ejercicio, la comida balanceada es más cara y toma tiempo, mis genes, soy de hueso ancho, retengo agua, tengo estrés, tengo hijos, y cualquier cantidad de pretextos y justificaciones que se te ocurran.

Es más fácil buscar culpa de tus condiciones y circunstancias actuales que actuar y cambiarlas para bien, pero a todo esto.

¿Por qué es tan difícil tomar la decisión de cambiar?

A la gran mayoría de la gente no le gusta decidir, prefiere dejar que las decisiones lleguen solas, y estar forzado a tomar un camino predeterminado, es por ello que los niños siguen el camino per establecido por sus padres, escogen del menú que se les da de metas genéricas y siguen el libreto de vida.

"La falta de decisión es la adicción más difícil de dejar en los tiempos modernos."

Y la razón es la misma por la cual los profesionales de sumisión utilizan la respuesta automática para convencerte de comprar, donar, apuntarte o simplemente darles tu atención. Es el camino más fácil, es decidir de manera automática o a través de la función de respuesta automática.

Volvamos al verdadero significado de la palabra, ser del montón, ser de la media o del promedio, es ser como todos los demás, entonces porque se siente ofendida la gente con este comentario. Ser del montón es la forma más segura de ser, es donde más cómodo, protegido y arropado puedes estar pues compartes características, situaciones y circunstancias con los demás. Cuando te sientas a platicar con tus compañeros del trabajo, con tus amigos cercanos, con tu familia y hasta con tus vecinos puedes compartir los mismos problemas, las mismas complicaciones. Estás en un mismo nivel de vida en donde compartir es muy fácil porque no hay que trabajar duro para entender al prójimo.

La persona que está o estuvo en tu círculo cercano y a través de los años sobresale en algún ámbito, cuando regresa a ese círculo cercano pareciera que ya no pertenece, ya no entiende a los demás y ya no lo entienden a él, ya no hay la misma camaradería que alguna vez hubo, y ese círculo cercano lo critica y lo acusa de haber cambiado, lo acusa de ser arrogante y presumido.

Y si ese círculo cercano está presente durante el proceso de cambio en donde el que sobresale, empieza a pensar diferente, a hacer las cosas de manera diferente, a reaccionar diferente, lo cual es indispensable para sobresalir. Lo acusan de que cambia de forma de ser, lo acusan de arrogante, de presumido, de que ya no tiene tiempo para sus amigos, de que ya no le interesan las mismas cosas, de que ya no aprecia a la gente que lo aprecia a él.

Para sobresalir, tiene que haber un cambio de conciencia, de ahí un cambio de pensamientos, un cambio de acciones y comportamientos que llevan a un cambio de hábitos los cuales a la larga te llevarán a un cambio de resultados, no hay de otra.

La mediocridad es social, le gusta estar en grupos, le gusta que todos sean iguales, y cuando alguien se quiere salir de la norma, hay que jalarlo y regresarlo porque no es posible que alguien quiera sobresalir, como ya vimos en el capítulo anterior.

Pero hay algo más fuerte que solo el grupo social que no te deja salir de la mediocridad. Tú estás a gusto, para crecer necesita haber incomodidad y no tienes ganas de estar incómodo, de hecho es algo lo cual distingue a todos los humanos, buscamos la comodidad, por eso hemos avanzado tanto tecnológicamente, por eso hay automóviles, calefacción y aire acondicionado en casas y oficinas, por eso creció Amazon de ser una simple librería en línea a vender todo tipo de artículos en cincuenta y ocho países y alcanzando a la población internacional conectada al internet alcanzando 1.2 billones de personas. Pero lo interesante de esto es que mientras todos los usuarios de Amazon hicieron que esta empresa creciera tanto buscando su comodidad en la forma en como hacen compras en línea cada vez más fáciles, el dueño de Amazon estaba incómodo buscando la forma de crear y generar lo que hoy es Amazon. Quizá Jeff Bezos busque su comodidad también cuando ordena productos por Amazon igual que los demás usuarios, pero en su trabajo está incómodo buscando cómo crecerlo de lo contrario nunca hubiera crecido una pequeña librería en línea a una tienda de casi cualquier producto en tantos países y con tantas facilidades.

La adicción de la mente mediocre

"Una emoción que viene de una experiencia pasada es el residuo químico del pasado"
Joe Dispenza

La mente no solo es la función que realiza el cerebro, el cerebro es un órgano supercomplejo, el cual nos dota del principal diferenciador entre el resto de las especies animales de nuestro planeta. Todavía es común escuchar cuándo nos referimos al humano como "animal racional", no es una definición como tal adecuada o exacta, pero define muy bien en donde radican las diferencias principales de los humanos y los animales superiores, más no está solo centrado en el cerebro. Esta creencia viene de que el cerebro es el centro del sistema nervioso central.

La mente es la que tiene la capacidad racional y cognitiva, la conciencia de sus propios procesos y causa de su propia programación. Es además consciente de su propia existencia y capaz de decisión y de propósito.

La mente no está en un lugar físico ni concreto, sino distribuida en una amplia red de relaciones que incluyen al cerebro, el conjunto del cuerpo y el mundo de nuestra experiencia, a través de los sentidos. En pocas palabras es información y esa información está en todo el cuerpo no únicamente en el cerebro.

Las emociones son información de respuesta a situaciones, eventos, objetos, lugares, recuerdos, personas y la interacción entre estos. Una emoción es una reacción psicofisiológica que representa un modo de adaptación a ciertos estímulos percibidos por la persona. Lo que sentimos es la manera en cómo esa información se manifiesta, impulsos eléctricos, químicos y cambios fisiológicos en respuesta al estímulo. Por ejemplo si ves un cachorro de inmediato sientes alegría, ternura, sonríes sin pensarlo y hasta sientes un impulso para protegerlo o resguardarlo, lo quieres tocar y acariciar. En cambio, si eres testigo de cómo un coche atropella a ese mismo cachorro, tus emociones serán completamente diferentes, es más el solo hecho de leer estas líneas generó una emoción negativa en ti, sorpresa, asco, enojo. Tu corazón y respiración se incrementan, quizá hasta se puedan producir lágrimas. Todo en respuesta a un estímulo.

Cuando la información que recibimos a través de un estímulo genera una emoción, podemos decir que la que está actuando, accionando o reaccionando es "la mente emocional" en la mayor parte de respuestas a estímulos, la que primero lo recibe es la mente emocional a menos que ya haya habido un estudio y análisis de estímulos similares para responder de una manera diferente. Cuando ya hiciste un análisis y decidiste la mejor respuesta, se podría decir que la que está decidiendo es "la mente racional" por ejemplo:

1. Un día vas en camino a la oficina en tu coche y saliste temprano después de haber dormido bien, de pronto cambia de carril

bruscamente otro coche y te obliga a frenar de manera rápida asustándote y a la vez, generando enojo. ¿¡Por qué no se fija?! Pero tu reacción solo fue momentánea porque no hiciste nada al respecto. Te tomaste el tiempo para pensar y decides que fue un accidente que no te haya visto y lo más seguro es que venga el otro conductor estresado y tarde, lo dejas pasar y no cambia tu día.

2. Otro día, te levantaste tarde, se te tiró el café al subirte al coche y ya vas tarde en camino a la oficina. Un vehículo cambia de carril de manera rápida obligándote a frenar, generando miedo primero y después ira, ya vienes al borde de tus emociones después de todo lo que te sucedió en la mañana por lo cual no piensas y nada más actúas, le gritas todos tu repertorio de insultos, tocas la bocina y buscas la forma de desquitarte.

3. Generas una respuesta automática a la reacción del ejemplo dos en donde cada vez que alguien te deja ir el coche reaccionas insultando y buscando desquitarte. Pero un día te topas con alguien mucho más emocional que tú, un poco loco y muy agresivo y en vez de insultarte de regreso y jugar el juego de a ver quien maneja más salvaje contra el otro hasta que alguien da vuelta, este tipo se baja de su coche con un tubo y no solo te amenaza para que te bajes sino que golpea tu coche, afortunadamente cambió el semáforo, diste vuelta y no pasó a más. Solo el susto que hasta te quitó el coraje y te prometes nunca más ponerte en riesgo de esa manera.

En el ejemplo uno, llega el estímulo lo recibe tu mente emocional y lo deja pasar para que tu mente racional genere la respuesta, en el ejemplo dos tu mente emocional ya está a cargo de todo lo que ocurra y en ningún momento le pregunta a tu mente racional como actuar, pero la emoción es tan grande que te vuelves adicto a esa respuesta, es por ello que sigues dejando que tu mente emocional reaccione cada vez al mismo estímulo.

En el ejemplo tres el estímulo a tu respuesta habitual es tan diferente y genera tanto miedo que aprendes un comportamiento, entrenas a tu mente emocional y por lo menos mientras dure el recuerdo del tipo con el tubo golpeando tu coche que además te costó una fortuna componer, vas a actuar de manera racional y vas a repetir la respuesta del ejemplo uno aunque las condiciones sean similares al ejemplo dos.

La adicción

¿Cuál será la razón por la cual sabiendo cuál es el mejor modelo de comportamiento, te sigues comportando de manera diferente?

En los ejemplos anteriores de manera burda te demostré como un arranque de enojo te puede llevar a tomar acciones de las cuales te puedas arrepentir, pero no solo es la manera en como actúas en el momento en respuesta a tus emociones, sino lo que piensas después de haber actuado.

Digamos que en el ejemplo dos después de una carrera urbana viendo quién se parece más a Checo Pérez llegas a la oficina tarde y de mal humor para arrancar tu día laboral. Te sientas en tu escritorio y todavía recuerdas cómo se te metió el del otro coche por lo cual te tardas en prender la computadora, en hacer tu café, en concentrarte en tu trabajo, después te encuentras con Pablo y no puedes evitar contarle lo que te pasó, por lo cual desperdicias charlando otros valiosos minutos. Estás contestando correos y no puedes dejar de distraerte pensando en lo ocurrido. Es común que esto suceda, te pasa cuando tienes una discusión con tu pareja, con tus padres y hasta con tus amigos, el recuerdo está presente todo el día, pero en lo que seguramente no te has fijado es que cada vez que te acuerdas de lo sucedido revives el momento en tu mente, y al revivirlo vuelves a sentir lo que sentiste, esa adrenalina, ese enojo, esa sed de venganza o esa necesidad de tener la razón.

Estas emociones como ya vimos en capítulos anteriores son adictivas, tanto que nos hacen recordar lo sucedido repetidamente y después volver a reaccionar de la misma manera una y otra vez. Las emociones positivas del ejemplo uno no son igualmente adictivas, no pasó nada y lo podemos olvidar, no hay emociones al respecto aunque debería de haberlas porque demostraste agradecimiento a poder mantener el control y no ponerte en riesgo, demostraste empatía con los demás, demostraste madurez y eso debería darte alegría.

La razón por la cual no ponemos atención en las emociones positivas es porque estamos programados para no distinguirlas, muchos pensadores hablan de cómo las emociones positivas vienen desde el amor y las emociones negativas desde el miedo. Y estas están relacionadas más de lo que crees. La primera vez que amas de verdad a una persona, automáticamente sientes miedo de perderla. Cuando vives la vida que amas tienes miedo de perderla, el miedo a perder genera enojo, ira, celos. El miedo es la raíz de muchos de tus pesares. El que no tiene dinero tiene miedo por no tener, no llegar, no lograr, tiene miedo de no tener, el que tiene dinero tiene miedo de perderlo.

Las emociones positivas son el estado natural de las personas, es por ello que las noticias negativas venden más periódicos, que las noticias positivas, los chismes de un evento o un atributo negativo de algún conocido en común duran más que los chismes de eventos positivos. Es una condición humana y la mente mediocre es adicta a la negatividad.

La culpa

Al ser adicto a la negatividad, escuchas las noticias en la radio en el coche, en la televisión en casa, en línea en el trabajo y hasta en tu celular en tus tiempos libres. Hoy más que nunca vivimos una etapa de la raza humana en donde la información fluye como nunca antes, pero no solo fluye información real también fluye las famosas *"Fake News"* y "los otros datos". Tú tienes la capacidad de investigar y deducir cuál es la información real o fidedigna, pero prefieres no hacerlo por esa adicción a lo negativo. Y tu adicción a lo negativo no es general, buscas situaciones externas a ti para poder seguir evadiendo la responsabilidad de tu vida, de tus logros, de tus resultados.

La mente mediocre a través del inconsciente y de tu mente emocional seguirá buscando razones o culpas para poder decir que está en una situación especifica ojo por sus acciones o hábitos.

El pobre le echa la culpa al sistema, al haber nacido en pobreza, al no haber tenido una educación formal, a la falta de posibilidades y oportunidades.

El gordo le echa la culpa a la falta de tiempo, a su genética, a que no le gusta el ejercicio ni la lechuga, al estrés, a sus amigos, a la sociedad, al panadero.

Hay una pregunta que me hacen constantemente en diferentes ámbitos que dice así:

¿Es verdad que el pobre es pobre porque quiere?

Es un dicho muy común y lo escuchamos mucho de motivadores en línea, de gurús que prometen riqueza a su audiencia a través de una fórmula mágica.

La premisa no es errónea, pero sí está equivocada en el cómo explica el "querer". Nadie quiere ser pobre, así como nadie quiere estar enfermo, sin embargo, millones de personas fuman, nadie quiere estar gordo, sin embargo, estamos sufriendo una de las pandemias de sobrepeso más grandes de la historia.

La gente que logra y la gente que no logra tienen las mismas metas, la diferencia no está en buscar metas diferentes o en tener un método mágico y secreto cómo las pastillas para perder peso o el agua caliente con jugo de limón todas las mañanas. La diferencia esta en el comportamiento diario, lo que hace una persona que logra no es lo mismo que lo que hace una persona que no logra.

Todos tenemos un conocimiento básico de lo que tenemos que hacer para perder peso, pero el gordo que le echa la culpa a todo no hace ni lo mínimo y siempre está pensando que ahora sí el lunes va a empezar. Un ciclo en donde aunque empieza siempre termina por dejarlo y no lograr. La mente mediocre busca no empezar y si la fuerzas a empezar a no seguir o a dejarlo. Acuérdate de que tu mente mediocre es más fuerte que tú y con mera motivación temporal no le vas a ganar.

Tu mente mediocre te convence día a día que estás bien, que tu vida es suficiente, que no necesitas dietas, que el dinero no importa, que estás cómodo, que eres feliz, sin embargo, sientes dentro de ti que no eres lo que quieres ser, o todo lo que puedes ser, tus sentimientos en torno a lo que mereces, cambian lo que obtienes.

La religión, la izquierda y la historia han santificado el hecho de ser pobre, pero no lo santifica porque sea bueno ser pobre, lo hace porque de esa manera se puede seguir aprovechando del pobre y del ignorante. Y en mi muy personal opinión ignorando no es el falto de conocimientos externos, técnicos o académicos, el ignorante es aquel que no está dispuesto a pensar, a discernir y a escoger. Al mismo tiempo que una persona educada no es aquella que tiene muchos conocimientos sino una persona que tiene un entendimiento superior, una conciencia más abierta, es aquella que está dispuesta a cuestionar sus creencias más sagradas cuando una idea nueva aparece, la palabra educación por su etimología griega hace referencia a las parteras, y compara el parto o el sacar de adentro en conocimiento, por eso una persona educada es aquella que va a su interior y se cuestiona para entender.

Tu mente mediocre quiere creer que ya sabe todo lo que tiene que saber de cómo funciona el mundo, de como funcionan los negocios, y las personas. Es adicta a no pensar a no cuestionarse, porque al hacerlo pone en riesgo su existencia. La calidad de resultados en cualquier ámbito de la vida de cualquier persona y en especial la tuya depende de la calidad de pensamientos que tengas, porque los pensamientos traen emoción, las emociones traen acciones y comportamientos que a la larga se convierten en hábitos y tus hábitos generan tus resultados. La causa de tus resultados son tus pensamientos y la causa de tus pensamientos es tu muy específica programación mental, tus paradigmas y tu sistema de creencias. Y la única forma de cambiar esa programación es a través de preguntas, y no cualquier tipo de preguntas sino esas preguntas que retan hasta tus creencias más arraigadas. Y en la medida que retas y cambias esas creencias que ya no te sirven, es en esa medida que cambian tus pensamientos, emociones, acciones, comportamientos, hábitos y por ende tus resultados.

Pero es como cualquier adicción, te niegas a aceptar la adicción, te convences de que así quieres ser, que así estás bien, tu sistema de creencias está arraigado a tu mente mediocre, y la única forma de vencerla es a través de pequeños cambios, de un proceso, de cuestionamientos y es por eso que le dedique un capítulo a la vacuna contra la mediocridad, ojo contra la mediocridad y no contra tu mente mediocre porque con esa vas a vivir siempre y es la manera en como la manejas que te deja o no vencer tu mediocridad.

El no empezar.

"Un Viaje de mil millas comienza con un paso"
Lao Tse

Si nunca das el primer paso nunca vas a lograr, es por ello que tu mente mediocre te convence de no empezar. Al saber lo que tienes que hacer y evitarlo se le llama procrastinar. Aquel que tiene maestría en este tema siempre tiene un pretexto para no empezar lo que sabe qué tiene que hacer, es un maestro en el encontrar otras actividades de menor importancia, siempre estará ocupado.

Abres tu teléfono para mandar un mensaje en específico o para contestar o hacer una llamada y diez min más tarde sigues en redes sociales y todavía no has hecho lo que tenías que hacer.

La adicción al miedo

Cuando tienes miedo, entras en un estado muy parecido al de pelea o fuga en donde tu cuerpo produce adrenalina, esto produce una cierta sensación de normalidad, es decir te reconoces con esa producción de adrenalina. En un capítulo anterior vimos cómo tu personalidad está compuesta por la forma en cómo te sientes o reconoces que eres tú, ya sea a través de emociones o pensamientos.

El miedo es muy parecido, pero a diferencia de las emociones negativas, las cuales puedes llamar acordándote de algo negativo en tu pasado, el miedo es algo que existe en tu futuro, y al ser algo que no ha pasado estás activamente escogiendo preocuparte por algo que no existe o que no va a pasar.

La adicción al miedo puede ser de dos maneras:

- Adicción a las preocupaciones, esta es la adicción al futuro, ya sea al resultado negativo o a lo que tienes que hacer mañana, la gente promedio vive preocupada por algo, quiero recalcar que preocuparte por algo real como un reporte que entregar, una tarea por hacer, un libro por escribir es real, pero no existe en el momento, sino hasta que realmente decides tomar acción, por ejemplo si yo estuviera preocupado todos los días porque no he terminado de escribir este libro, pero no me siento nunca a escribir, mi preocupación está vacía. Ahora sí pienso que me tengo que sentar a escribir sin importar cuando termine, el placer de escribir será diferente, y estoy seguro de que terminaré antes de lo esperado según mis preocupaciones.
- La adicción a preocuparse por algo que no ha ocurrido, que seguramente no ocurra, pero hay una muy pequeña posibilidad de que ocurra. Sin embargo, ocupa tu mente, como preocuparse porque tu hija se va a caer y lastimar o quizá se va a enfermar. Sobre todo cuando estás lejos de los seres queridos, piensas que todo puede pasar.
- La adicción a preocuparte por los resultados negativos del trabajo o del negocio, si bien es inteligente anticiparse a lo que pueda ocurrir, vivir preocupado quita de tus recursos cognitivos para la creatividad y la productividad.

La adicción a las preocupaciones es muy similar a la manera en como crecen las familias de hongos. Los hongos tienen la característica peculiar que crecen en grupos, estos grupos quizá los has visto tienen hongos de diferentes tamaños que crecen a diferente ritmo, siempre habrá un hongo más grande que todos los demás, si arrancas el hongo más grande, muy rápidamente uno de los otros hongos ocupará su lugar así convirtiéndose en el hongo más grande.

Tus preocupaciones son como los hongos y cuando la más grande preocupación es extirpada, de inmediato buscas una nueva razón para preocuparte.

Todo crecimiento da miedo, pero todo aprendizaje requiere coraje, acuérdate de que el coraje no es la ausencia de miedo sino la acción con todo y el miedo de hacer las cosas, y no es fácil vencer el miedo. El miedo es algo progresivo que se va incrementando, no porque sea más fuerte sino porque tienes más tiempo de pensar en lo que puede o no puede pasar. Tuve la fortuna de escalar la montaña más alta del mundo y hacer cumbre, para cuando la escalé ya tenía experiencia subiendo otras grandes montañas, pero por alguna extraña razón el Everest representaba algo diferente en mi cabeza, antes de partir fue la primera vez que hice un testamento ante notario, fue la primera vez que estaba consciente del riesgo todo el tiempo y a cada paso. Cuando por fin llegó la ventana en el clima para poder hacer cumbre es un día muy largo y a cada paso pensaba yo que cualquier cosa podría ocurrir para volverse un accidente fatal. Pisaba con cuidado, era consciente todo el tiempo de mi pie derecho que tenía mucho frío por la dirección del viento, mi mano derecha continuamente cambiaba el piolet de mano y la protegía del viento. Cuando llegue a la cumbre sur y vi el risco delante de mí supe que ni con las cuerdas de protección dejadas año tras año podía tropezar, había vacío para ambos lados. Esta fue la primera vez ene todas las cumbres a las que tuve la fortuna de llegar, que pensé *"estoy a la mitad de camino"* no te confíes. Tanto que es la única cumbre en donde no festeje y no la disfruté quizá como otros montañistas. Seguro no como otras cumbres en donde hasta descansas y comes y disfrutas de la vista. Tuvimos un clima ideal, la vista inigualable, pero no me detuve mucho tiempo y emprendí la vuelta, ya para cuando llegué al Collado Sur, donde teníamos nuestro campamento cuatro, estaba agotado, pero me hidraté, comí algo y seguí el camino hasta el campamento dos. La razón el miedo de estar todavía en riesgo de cualquier cosa. Descansé una noche y a la mañana siguiente estaba emprendiendo camino para llegar al campamento base en donde por fin me podría relajar.

Esta historia te la platico desde mi miedo, porque no importa qué es lo que intentes, el miedo estará presente, a diferencia de estar en una gran montaña en donde tienes que regresar y el camino de vuelta es tan largo y peligroso como el de ida, pienso que si pudiera haber dicho, me doy por vencido, y con eso teletransportado mi cuerpo al Campo Base capaz y en más de una ocasión lo hubiera hecho.

Cuando emprendes es como escalar una montaña, con la diferencia de que darte por vencido es más fácil.

El miedo a hacer, es el miedo al fracaso, no realmente a hacer, la gente promedio deja de intentar cosas nuevas porque el miedo al resultado negativo es muy fuerte. Gran ejemplo de esto es aprender a dar una maroma hacia atrás, o un mortal. Puedes estar en una alberca de espuma o una alberca de agua, y todos tus sentidos te dicen que no lo hagas. Sabes conscientemente que no te va a pasar nada, sin embargo, no puedes dar el brinco, así es el miedo al fracaso y se convierte en una creencia programada en tu mente y esta a su vez en un hábito.

"No podemos crear un futuro nuevo, sin soltar las emociones del pasado"

Dr. Joe Dispenza

El ego es la forma en como tú te reconoces que eres tú, la personalidad es el comportamiento de ese ego y tiene tres partes, cómo te comportas tú, cómo crees que la gente ve que te comportas y cómo quieres que la gente vea que te comportas. El siguiente capítulo habla de tu personalidad y cómo se ve afectada esta por la mente mediocre.

Capítulo 6

LA PERSONALIDAD DE LA MEDIOCRIDAD

"El mediocre busca que lo vean como se ven los demás, para ser aceptado, y esto lo mantiene siendo mediocre"
Moisés Nava

Tu personalidad es la manera en como actúas, es la manera en cómo respondes a estímulos del medio ambiente, a situaciones específicas y a otras personas. Ya hablamos del ego como aquello que hace que tú te reconozcas como quien eres, digamos lo equivalente al verte en el espejo y saber que esa imagen que ves eres tú.

Mi mamá hace ya algunos años desarrollo un hábito algo gracioso cuando ve una fotografía en donde sale o hasta cuando se ve al espejo ella comenta algo similar a: *"¡Ay! Ya casi ni me reconozco, ¿quién es esa viejita en la foto?"* Por supuesto que se reconoce y sabe quién es, pero se va dando cuenta del paso de los años en su rostro. Y no está sola, lo más gracioso de esto es que me he cachado en un diálogo interno preguntándome quién es ese en el espejo que se ve tan grande y el efecto es mucho mayor cuando ves fotografías de hace diez años donde a mi edad ya se empieza a notar mucho el cambio.

Resulta que la imagen que ves en el espejo no es la imagen con la que la demás gente te percibe. La imagen que ves es invertida, nuestros rostros no son simétricos, y los rasgos y muecas que vamos acumulando con la edad tampoco. Pero como estás acostumbrado a la imagen que ves en el espejo, es la imagen que buscas por ejemplo en las fotografías, puedes hacer la prueba con las cámaras frontales y traseras de tu teléfono y ver la diferencia en como se ve tu rostro. El espejo te ofrece una simetría invertida de tu cara, pero como es a la que estás acostumbrada es la que consideras más agradable.

En un estudio realizado por psicólogos estadounidenses en 1977 fotografiaron a una muestra de participantes para crear una imagen normal y una imagen invertida de cada uno. Después, estas imágenes se mostraban a esos mismos participantes y a sus amigos. Se les pedía que eligiesen la fotografía que preferían. La mayoría de los participantes elegían la imagen invertida, pues era con la que estaban familiarizados mediante los espejos tradicionales. Sin embargo, sus amigos elegían la imagen normal, que era la que a ellos les era familiar.

Esto pasa con la percepción que tiene la gente de ti y la percepción que tienes tú de ti. Ojo, no hay que confundir la imagen que quieres que los demás tengan de ti. Verás, tienes tres personalidades:

1. La que la gente percibe de ti
2. La que tú quieres que la gente perciba
3. Tu verdadera personalidad

En el espejo solo tienes la imagen invertida y tu imagen real o percibida por los demás, digamos que la imagen que tú quieres que los demás vean sería como la *selfie* que subes a redes sociales con tres filtros.

Y hablando de redes sociales y de personalidad, cuando ves tu perfil de alguna de las plataformas de redes sociales, ¿a quién ves?

¿Te ves tú como eres en realidad o ves una persona que quieres que los demás vean?

Desde el principio de los tiempos, los humanos se han unido en grupos, muy parecido a cómo los animales de manada se unen para protegerse, tener mejor oportunidad de procrear, comer y descansar de manera segura. A diferencia de los animales, los humanos sentimos una gran necesidad o deseo de pertenecer, de generar lazos, de ganarnos el respeto de los demás, de ser reconocidos y aceptados por los nuestros. Tu personalidad en gran medida es un reflejo de tus hábitos y desde muy temprana edad empezaste a imitar aquellos hábitos a los cuales estuviste expuesto y los sigues sin realmente pensarlo conscientemente. De igual manera, sucede con los grupos a los que estás expuesto hoy, si trabajas en un banco y todos tus compañeras usan trajes caros y de marca lo más seguro es que parte de tus gastos serán reflejados en trajes caros. Si trabajas en una empresa de tecnología en donde la vestimenta no importa, seguramente utilizarás *jeans* y tenis, como la mayoría.

En un capítulo anterior vimos cómo los humanos tenemos una necesidad innata de pertenecer a uno o varios grupos sociales, en donde un grupo social puede ser solo tu y tu mejor amigo de la infancia. Y vimos como el grupo empieza a actuar al unísono en cuanto a forma de pensar y de actuar, cuando eres joven dependes mucho de la opinión de los demás para poder tomar decisiones, porque estás tratando de proyectar una imagen de tu personalidad que no es del todo cierta. De hecho, uno de los atributos de la madurez es poder actuar independientemente a un grupo, poder tomar decisiones individuales y vivir con ellas sin culpa, tu personalidad va cambiando de acuerdo a tus experiencias, a tu edad y al grupo de personas con las que pasas más tiempo. Es más tu personalidad puede cambiar dependiendo con qué grupo de personas estés. En diferentes estudios se han probado cosas como:

- La probabilidad de que una persona se vuelva obesa aumenta un 57 % si tiene un amigo que se volvió obeso.
- Sí en una pareja uno de los miembros pierde peso, el otro miembro también perderá peso 33 % de las veces.
- En un grupo social el ingreso promedio del grupo variará no más de 15 % entre sus miembros.

La personalidad definida es el conjunto de características, patrón de emociones, sentimientos y pensamientos ligados a nuestro comportamiento. Y nuestro comportamiento es el reflejo de nuestros pensamientos inconscientes, aquellos que definen nuestros hábitos.

Anteriormente te comenté que tenemos tres personalidades, una de ellas no la podemos cambiar porque es la manera en como nos perciben los demás y depende de los demás. La segunda es la manera en como te comportas de acuerdo a los diferentes grupos a los que perteneces, incluso grupos nuevos a los que te ves expuesto.

Y la tercera a la que me referí como tu verdadera personalidad, es aquella en donde te comportas sin límite, donde eres realmente tú. Esto lo puedes ver en tus hábitos en la mesa, al comer, o cómo acostumbramos decirle a los buenos modales en la mesa. No comes igual con un grupo del trabajo que con la familia de tu jefe, si te invita a un banquete la reina de Inglaterra, si estás en una primera cita, con tu pareja de diez años que con tus padres. Siempre cuidaras tus modales (espero) pero con ciertas personas los relajaras más que con otras. Esto también cambia cuando estás sola y nadie te ve.

Así como a veces comes cuando nadie te ve, piensa que otras cosas haces cuando nadie te ve que no haces al estar frente a otras personas, no voy a dar ejemplos porque seguramente ya lo estás pensando con una sonrisa. Así lo que piensas y tu diálogo interno.

Esa personalidad única tuya es tu identidad, en el diccionario aparece como circunstancia de ser una persona en concreto y no otra, determinada por un conjunto de rasgos o características que la diferencian de otras.

La identidad tiene más que ver con el ego y con la forma en como tú te ves y te reconoces pero de manera inconsciente. Digamos que sabes cuál es tu identidad, pero no sabes por qué eres como eres. Esto tiene que ver con tu programación mental, ese sistema de creencias del que hablamos en capítulos anteriores, el cual has venido formando durante toda tu vida.

Según tu identidad es la forma en como actúas y la forma en como actúas recurrentemente genera tus hábitos, y tus hábitos a su vez generan tu estilo de vida y tus resultados.

Los hábitos se van formando desde muy temprana edad, primero inconscientemente y después a través de la resolución adecuada de alguna situación, tu mente se ve enfrentada con una situación específica como llegar a tu casa cansada de todo el día, tu mente escoge una respuesta digamos salir a correr solo para sentirte más cansada y no poder ni siquiera correr diez minutos, como esa respuesta falló tu mente la desechara, otra respuesta, prender el televisor, levantar las piernas y tomar una copa de vino, al esta respuesta ser más adecuada, la guardará para situaciones futuras, si la próxima vez que llegas así de cansada repites la acción se empezará a formar un hábito.Tus hábitos se programan en tu inconsciente para acudir a ellos de manera automática cuando haya estímulos ya conocidos, esto lo hace tu mente para liberar espacio en la mente consciente y que no tengas que discernir que acción tomar cada vez que estás expuesto a algún obstáculo, piensa en abrir una puerta, cuando fue la última vez que conscientemente pensaste como abrir la puerta de tu casa, o donde está el interruptor de la luz, cuando te subes al coche y lo enciendes, te pones el cinturón de seguridad, acomodas la música, tu rutina diaria parece una sinfonía de movimientos coordinados donde día a día la repites sin pensar de manera casi idéntica. Al desarrollar esa cadena de hábitos para las cosas pequeñas es como cuando automatizas pagos y dejas de pensar en pagar cada mes, dejando de lado preocupación, compromiso y pendiente, liberando espacio en la mente consciente para cosas más grandes, por eso la importancia de generar esos hábitos que a la larga generaran los resultados que estás buscando. Según James Clear hay cuatro pasos para la formación de hábitos:

1. La señal

Esta puede ser tan simple como cuando te da hambre, hasta tan compleja como poder identificar que necesitas cambiar de estrategia cuando no estás obteniendo la respuesta esperada de una persona que acabas de conocer. La señal es aquello que capta tu mente sin avisarte, que sabe que está frente a una situación en la cual buscará una respuesta o premio. Los hombres de la prehistoria recibían señales basadas en necesidades básicas como comida, resguardo y sexo, mientras que hoy en día aparte de esas entra el dinero, la fama, aprobación, amistad, amor, realización personal y más.

2. El antojo

Se le llama antojo principalmente a cuando pensamos en una comida específica, *"Tengo antojo de helado"*, pero aquí se refiere al antojo de una recompensa, cualquiera que sea. Recibes un estímulo "la señal" y esta señal te hace pensar en esa recompensa que quieres, regresando a la comida el olor a pan te trae el antojo de pan (simple), El olor a pasto mojado te puede trae las ganas de correr en el bosque, el olor a mar y la brisa te puede traer las ganas de subirte a un barco o capaz y las ganas de una piña colada. El sonido de música fuerte con luces te puede detonar las ganas de fiesta de socializar, el café caliente gana de fumar o ganas de una galleta. El antojo es único para cada uno de nosotros así como las señales que los detonan.

3. La respuesta

Esta es la forma en que hemos decidido cómo obtener la recompensa, puede ser una acción o un pensamiento. Dependiendo del logro de la respuesta es la manera en como lo guardamos en nuestra memoria, si la acción me llevó a conseguir la recompensa fácil y rápido lo guardo en mi memoria para volver a utilizar la misma respuesta, entre más veces repita la respuesta más se estará formando un hábito. Si la respuesta falla en darte la recompensa lo desecharas y buscaras otra respuesta.

4. La recompensa

Es el último paso, en ocasiones la recompensa no es tan valiosa como esperábamos, pero la única forma de saberlo es llegando a obtenerla.

Este proceso mental está ocurriendo en nuestra mente inconsciente todo el tiempo, no es un proceso consciente, pero a través de la mente consciente es como lo vamos programando. Imagina la primera vez que entraste a un cuarto oscuro:

- Señal: Oscuridad
- Antojo: poder ver

- Respuesta: presiona el interruptor de la luz
- Recompensa: Ya puedes ver
- Hábito: Prender la luz cada vez que entras a un cuarto oscuro.
- Señal: estrés en el trabajo
- Antojo: Relajarme
- Respuesta: Dejar de trabajar y checar mis redes sociales
- Recompensa: Relajación mental lograda
- Hábito: cuando siento estrés en el trabajo, checo mis redes sociales.

"Las cadenas de los hábitos son tan ligeras para sentirlas hasta que son tan pensadas como para romperlas"
Warren Buffett

Como ves, los hábitos se van formando inconsciente e imperceptiblemente desde muy temprana edad y por diferentes influencias a través de tu vida. Tienes hábitos para todo, pero el hábito más preocupante es el de no pensar conscientemente hacia el nivel de tus resultados, este lo tiene la gran mayoría de la gente y es el que te mantiene en el *statu quo*.

El hábito de la mediocridad

Invariablemente llega un momento en la vida de todas las personas en donde llegan al tope de su aprendizaje. La gran mayoría deja de aprender cuando termina el último grado de escuela que cursó, otros solo aprenden por obtener títulos y reconocimientos esperando mejores resultados, y algunos únicamente aprenden por aprender pero no por hacer. El aprendizaje es una gran herramienta cuando se utiliza para crecer, pero la gran mayoría de la gente la utiliza por las razones equivocadas y por eso no recibe los beneficios del conocimiento. Como cuando hablamos del sistema educativo no se trata de cuantos conocimientos eres capaz de guardar y recitar sino lo que puedes hacer con los conocimientos que tienes, así sean pocos.

La diferencia entre aprendizaje y educación

Aprendizaje contempla la adquisición de conocimientos, a través del estudio, de la experiencia o el ejercicio. Es lo necesario para desempeñar una actividad específica, oficio, arte o deporte.

La educación según su etimología quiere decir sacar desde adentro o conducir hacia fuera, está definición es a lo que Mark Twain se refería cuando dijo que la educación es mayormente lo que hemos desaprendido, también dijo que nunca dejó que su escuela interfiriera con su educación.

No es que Einstein, Mark Twain y hasta Aristóteles estuvieran en contra del aprendizaje o de los conocimientos académicos, sino que son dos cosas completamente diferentes y la educación habla más de conocerte tú, del autodescubrimiento.

La única forma de poder entender tus hábitos, de ser consciente de los hábitos que te funcionan y de los hábitos que ya no te sirven es hacerlos conscientes, y la única forma de hacer consciente aquello que está en el inconsciente es a través del autoconocimiento.

Al llegar esa estabilidad en todos los humanos, te conformas con lo que tienes, dejas de luchar contra corriente y te dejas a la deriva, con el empleo que tienes, esperando que ocurra algo que cambie tus circunstancias, culpando al gobierno, a las pandemias, temblores, devaluaciones y a los huracanes de tus desgracias. Dejas de aprender, dejas de querer más y caes en el sueño de la mediocridad que mantiene a la mayoría viviendo en piloto automático día tras día, buscando distractores para no pensar, generando hábitos mediocres como las redes sociales, el alcohol, las drogas, los videojuegos, Netflix, los mensajes de texto, las apuestas. Perder el tiempo en distractores es tan común que en promedio la gente que trabaja ocho horas al día en empleos de nivel gerencial en promedio solo son productivos 35 % del tiempo, el resto del tiempo lo desperdician estando ocupados en estar ocupados pero no productivamente. Siempre esperando que algo suceda para poder ser feliz.

El desaprender

Tus hábitos determinan. El nivel de tus resultados, para poder cambiar tus resultados tienes que cambiar tus hábitos, pero la gente promedio espera resultados inmediatos, es por ello que se inscriben en el gimnasio y lo dejan después de tres veces aunque pagaron tres meses, es por ello que el negocio en línea que iba a ser tan fructífero terminó frustrándote y lo dejaste de lado, es por ello que al proyecto de negocio que tenías al final no le viste futuro. Porque la meta es lejana, el compromiso es largo y el éxito en cualquier ámbito es secuencial y aburrido. Y la verdad que es más fácil regresar a ser como eras disfrutando los distractores y no luchando contra la corriente.

La mente mediocre hace que te des por vencido en cualquier meta a largo plazo, estamos programados para esperar una gratificación y/o satisfacción inmediata a cualquier necesidad como ya vimos en un capítulo anterior, pero no solo por nuestros padres o por nuestro ambiente también por nuestros genes, la mente humana no ha evolucionado al ritmo de evolución que ha tenido la sociedad. Dicho esto, vivimos en una sociedad moderna en donde muchas de tus decisiones diarias no te van a beneficiar inmediatamente, vas a trabajar y te pagan hasta la quincena. Haces ejercicio y quizá bajes de peso en seis meses. Si ahorras dinero hoy, a lo mejor tengas dinero para tu retiro en un par de décadas o más. Esto es a lo que los científicos le llaman un ambiente de retorno demorado y únicamente quiere decir que puedes trabajar por años sin ver los beneficios de en lo que estás trabajando hasta que llega.

Los *Homo sapiens sapiens,* la versión más parecida a la actual del ser humano tiene de existir aproximadamente doscientos millones de años y lo sabemos porque han encontrado restos de estos humanos con esa edad aproximada. Estos humanos son los que tienen ya el neocórtex, la parte del cerebro que alberga funciones superiores como el lenguaje que es también la parte más nueva del cerebro en la evolución humana. Esto significa que tienes el mismo *hardware* en tu cabeza que humanos hace doscientos mil años y en los últimos cien años la sociedad ha cambiado de manera radical con inventos como los aviones, los automóviles, el teléfono inteligente, las computadoras y ahora hasta las naves espaciales de los ultramillonarios.

En la era Paleolítica los humanos nada más se preocupaban por la siguiente comida, el resguardo, el frío, el calor, el sexo. Recompensas que no siempre estaban presentes por eso la mente estaba programada para demandar una gratificación inmediata, por protección misma de la especie. Y el futuro lejano no importaba.

Expertos en comportamiento humano se refieren a esta tendencia como una inconsistencia en el tiempo, y aunque parece que saqué el término de una película de ciencia ficción, te sorprenderá que la explicación también parece de ciencia ficción. La forma en como tu mente evalúa las recompensas es inconsistente a través del tiempo. Le das más valor al presente que al futuro. Como en el experimento del malvavisco el sesgo del beneficio a corto plazo por un premio ahora es más fuerte que un premio que puede llegar.

La gente no fumaría si considerara el cáncer de pulmón inmediato, nadie comería de más si automáticamente te volvieras obeso. Nadie gastaría de más si inmediatamente te quedaras pobre y no solo en deuda, nadie tendría sexo sin protección si la enfermedad por transmisión sexual fuera inminente. El placer de todas estas actividades es inmediato y las consecuencias están lejanas y existe una pequeña posibilidad de que no ocurran.

"Casi siempre pasa que cuando la consecuencia inmediata es favorable, las consecuencias al tiempo son desastrosas y viceversa"
Frédéric Bastiat

A lo que se refiere el famoso economista es que por lo regular cuando la recompensa inmediata es buena, la consecuencia al tiempo es mala. Y cuando la recompensa inmediata es mala o difícil la consecuencia al tiempo es muy buena. El precio de los buenos hábitos se paga en el presente, el precio de los malos hábitos se paga en el futuro. Por eso las donas y el helado son tan ricas y fáciles de sobrecomer y el pollo asado con ensalada no. Por eso hacer deporte cuesta trabajo, ahorrar, invertir, trabajar en tus metas. Y por eso la mente mediocre prefiere la satisfacción inmediata.

Y esta tendencia a preferir la inmediata satisfacción es lo que hace que tomes malas decisiones y esas malas decisiones al repetirlas se conviertan en hábitos, tus hábitos generan tu personalidad y esta tu identidad. De aquí es de donde se agarra a más no poder tu mediocridad para mantenerte ahí porque sabe perfectamente lo que te gusta y de qué pie cojeas, también es la razón por la cual es tan difícil cambiar de hábitos malos o que no te sirven, a hábitos buenos.

Cuando cualquier persona llega a esa estabilidad en su vida, muchas veces es porque los hábitos que te llevaron hasta donde estás, al nivel de resultados que tienes actualmente ya no te sirven para seguir creciendo, creando y avanzando. Hay hábitos que tienen fecha de caducidad, si no los caducas y repones por otros que te sirvan en el presente vivirás o revivirás tus resultados pasados y ahí es donde vive la gran mayoría de la gente.

El estancamiento

El poder de decisión juega un papel muy importante en la manera en como avanzas o te estancas en la vida. La mente mediocre te hace creer que las decisiones seguras o fáciles son las que tienes que tomar, pero la mayor parte del tiempo la mente mediocre evita las decisiones y espera que la decisión sea tomada por si sola, la indecisión es una manera de decidir por sí misma, decides no decidir y es una de las principales causas de estrés hoy en día. El estrés es una de las principales causas de enfermedad y muerte temprana. Tu mediocridad quiere hacerte sentir inseguro socialmente y le da fuerza a tu segunda personalidad que es en donde quieres que la gente te perciba de cierta manera, para caerles bien, para ser agradable, para tener amigos, para impresionar, para que no te juzguen o critiquen, etc.

Nadie te enseña a decidir, no hay una materia, no hay cursos y decides todos los días desde que te levantas hasta que te duermes, es más el decidir a que hora y de que lado dormir es una decisión, decides todo el día estés consciente de ello o no.El estancamiento es una decisión, de esas que te llevan a la comodidad, de esas que la sociedad aprueba, de esas que tus compañeros, amigos y familiares toman.

¿Si ves quién eras hace cinco o diez años ves a la misma persona que eres hoy?

Si es así, sufres de estancamiento, y lo más seguro es que seas parte de aquellas personas que viajan en el tiempo constantemente, estresados por el futuro y atorados por los sucesos del pasado.

Capítulo 7

LA MEDIOCRIDAD QUE VIAJA EN EL TIEMPO

¿Eres de los que viajan en el tiempo?

Pensar que eres un viajero en el tiempo tal vez suene a película de ciencia ficción, pero si tomas en cuenta lo que hemos estado viendo en capítulos anteriores referente a que realmente todo está en tu mente y cómo la forma en como ves el mundo realmente está basada en la forma en como ha sido programada tu mente, cada vez que tienes un recuerdo estás conscientemente viajando al pasado, y cada vez que tienes un sueño, una fantasía o una meta estás conscientemente viajando al futuro.

Eres un viajero en el tiempo, pero estás limitado a tu línea del tiempo, a tu vida, y en este capítulo quiero explicarte cómo el viajar en el tiempo es un arma de tu mente mediocre para mantenerte en el *statu quo*.

El viaje al pasado

Tu pasado es la manera en cómo llegaste a donde estás el día de hoy, en este momento, leyendo estas líneas. Todos tus resultados al día de hoy son fruto de todo lo que has vivido, estás lleno de recuerdos a los cuales acudes regularmente.

Tus recuerdos tienen la capacidad de generar emociones en tu cuerpo, si te acuerdas de algo específico que te hizo enojar mucho, de algo que te puso muy triste, de algo que te puso feliz o hasta de algo que te hizo reír a carcajadas, lo más seguro es que sientas algo de esas emociones cada vez que te acuerdes de ello.

Por lo general las emociones negativas son más pegajosas, cuando algo realmente te hace enojar o te ofende, dura más tiempo la emoción en tus recuerdos, incluso habrá recuerdos que nunca dejen de tener una emoción, negativa o positiva.

Lo más importante a entender del pasado es que existe como contexto para tu vida actual, pero de ninguna manera determina quien puedes llegar a ser, ni siquiera determina quién eres. Por regla general la gente cambia día a día, semana a semana, mes a mes y año tras año. Si tú eres de las personas que se ven en su pasado y se consideran la misma persona que eran hace cinco o diez años, estás atorado.

El viajero en el tiempo que va al pasado constantemente para buscar las respuestas del presente no va a cambiar sus resultados solamente recreará y revivirá los resultados del pasado. La mente mediocre pretende que te quedes en el pasado, pero el pasado muchas veces no es cronológico, tus recuerdos se pierden y se intercambian, de pronto crees que algo sucedió antes de otra cosa cuando no fue así.

La memoria es la manera en como dependemos de saber que pasó en el pasado, lamentablemente nuestra memoria no es tan clara y exacta como ver una película una y otra vez en donde la película no cambia. Nuestra memoria tiene influencias y cambios, muy brevemente te comparto los más importantes:

- De atribución equivocada, esto es cuando te acuerdas solo de parte de los hechos, pero ese te olvidan cosas como la hora o la persona con la que ibas. Esto también pasa cuando piensas que una idea es original, pero en realidad está influenciada por algo que leíste o viste.
- Sugestibilidad, Esto pasa cuando tu memoria se altera por información errónea presentada constantemente. Por ejemplo te puedes acordar de tu juguete favorito cuando tenías tres años y recuerdas un trenecito azul, pero tu hermano mayor te dice que era rojo, a la larga empezaras a recordarlo como rojo. La otra es que te han contado tantas veces una historia que ya no sabes si te acuerdas de la historia tú o nada más te acuerdas de lo que te han contado.
- Transitoriedad: Esta es la tendencia a olvidar hechos a través del tiempo. Tu memoria tiene un sistema o calidad de "úsalo u olvídalo" para hacer espacio a nuevas memorias, aquellas que no usas regularmente se van olvidando con el tiempo.
- Ausencia mental: Esto pasa cuando por estar pensando en otras cosas, actúas en piloto automático y por ende no recuerdas algo tan simple como donde dejaste las llaves. Esto solo quiere decir que tu atención estaba en otro lado en ese preciso momento.
- Bloqueo: Esto es cuando alguien te hace una pregunta y por más que tú sabes que conoces la respuesta no la puedes pensar, también pasa cuando no puedes recordar una palabra en específico. Este bloqueo ocurre en la mayoría de los casos porque tu memoria es similar a otra memoria, esta competencia te inhibe de acordarte

específicamente de lo que necesitas. Es por eso que te acuerdas, ya que no estás buscando la respuesta.

- Sesgo: Por último y la parte de pérdida o manipulación de memoria de la cual me interesa más hablar. Incluso tus memorias más vivas, más claras y más presentes no son infalibles. Tus experiencias personales, tus creencias, tu conocimiento, en lo que llevas pensando toda la semana y tu humor afectan tus memorias y la percepción de ellas en la manera que estas, están codificadas en tu mente. Esto quiere decir que cuando accesas una memoria, tu humor y otros sesgos en el momento influencian que parte de la información realmente ves.

Alguna vez tuviste una discusión con tu pareja en donde tú recuerdas las cosas de una manera y tu pareja de manera diferente. Lo más seguro es que tu pareja te esté mintiendo para ganar la discusión, ¿no?

Bueno, no conozco a tu pareja, pero lo más seguro es que ambos por el humor en el que están y por sus propios sesgos, están buscando cosas en sus memorias para probar que tienen razón, lo cual nada más puede probar que ninguno de los dos recuerda las cosas como sucedieron, y que la mera perspectiva de cada uno está sesgada a favor del argumento de cada uno.

El viajero en el tiempo que recurre al pasado constantemente para mantenerse en un humor determinado, o en una postura de víctima sufre de un sesgo en su memoria en donde solo busca razones por las cuales seguirse sintiendo como se siente.

Lo mismo las personas que siguen culpando un incidente que ocurrió hace más de diez años. Sí, pudiste haber tenido un gran fracaso, supéralo, sacúdete, límpiate y a seguir con tu vida. Hay personas que sufren un gran fracaso o un gran accidente que amenaza sus vidas y cambian para bien o hay aquellas personas que se quedan estancadas en el pasado, reviendo lo día a día solo para tener a quién echar la culpa de sus circunstancias y condiciones actuales.

El pasado está presente siempre, pero debemos usarlo únicamente como contexto, no como base. La diferencia radica en el presente, en el hoy.

El presente es muy corto, pasa por momentos y los momentos pasan muy rápido y se convierten en pasado, pero ve el presente como el día a día. Tu vida la vives un día a la vez, una hora a la vez, y esa vida no regresa. Si hoy pasas la vida en piloto automático solamente existiendo, un día voltearas atrás y te preguntarás cuando se te pasó la vida.

Tu verdadero poder está en el presente, es el momento en el que tomas decisiones, es donde determinas como será tu futuro.

Si no tienes la vida que quieres, que soñaste o que pretendes tener, nunca lo vas a lograr si no haces los cambios a diario. Y aquí es donde el viajero del tiempo se va al futuro, podemos buscar un futuro que se va acercando y entre más se acerca lo vamos modificando de acuerdo a lo que queremos con el día a día, o podemos ir alejando el futuro cada vez que pensamos en lo que no hemos hecho que quizá nunca hagamos y decir "algún día".

¿Tienes metas de "algún día"?

La gran mayoría de la gente nunca cumple sus metas de algún día. Se quedan ahí en el rincón de sus memorias, de poder haber sido futuro se convierten en pasado.

El futuro está abierto, según la física cuántica todas las posibilidades existen ya en el futuro, y para llegar a aquella que deseas, es cosa de visualizarla como el cruzar una calle, puedes tropezar, puedes caminar hacia atrás, puedes brincar con los pies juntos tantas veces como sea necesario para llegar al otro lado, puedes hacerlo cantando, puedes hacerlo brincando en un pie, las posibilidades son ilimitadas tan solo para cruzar una calle de manera distinta. La diferencia la hará la manera en como visualices que lo harás, tomar la decisión y después hacerlo.

Estás parado en el cruce de la calle y necesitas llegar al otro lado, tu persona pasada ya ha cruzado muchas calles con anterioridad, quizá incluso esta calle, pero ninguna de las veces por más similares que hayan sido pueden ser exactamente iguales y hasta que no estás cruzando la calle en el momento no sabes cómo la vas a cruzar, es más puedes cambiar la forma a medio camino o se puede presentar algún obstáculo no esperado como un conductor distraído, otro peatón distraído que se tropieza o cualquier cosa que se te pueda ocurrir que pueda suceder.

Tu persona presente visualiza el cruzar la calle brincando entre las franjas blancas sin tocar lo negro. ¿Por qué? Porque así lo decidiste. Es más hasta visualizaste que el último brinco será retador por la distancia de la última franja a la orilla de la banqueta, hay un poco de incertidumbre aquí, pero tu futuro está decidido. Tu persona presente da el primer salto y el segundo, hasta este momento tu futuro se empieza a convertir en tu presente y solo por lo que estás haciendo en el presente es que se va a cumplir. Si decides dejar de saltar y caminar, el futuro que visualizaste ya no se cumplirá. ¿Qué pasa si caes mal después de un salto y lastimas tu tobillo y tienes que caminar el resto del camino?

El futuro traerá situaciones inesperadas siempre, pero aquí es donde el viajero en el tiempo del futuro se atora, piensa en todas las posibilidades negativas que puede traer el cruzar la calle saltando que decide mejor no hacerlo. ¿Quizá en la próxima calle? ¿Quizá de regreso? Mejor mañana, mejor "algún día".

Tu persona presente es la única que tiene el poder de cambiar no nada más el presente sino el futuro.

Tu persona pasada ya tuvo esa oportunidad e hizo lo que pudo, deja de regresar a tu persona pasada porque ya no eres esa persona. Toma las lecciones aprendidas del pasado y permite le a tu persona presente dejar de recrear los errores del pasado.

"No seas prisionero de tu pasado, fue una lección no una cadena perpetua"

La incertidumbre de quién será tu persona futura te puede mantener siendo tu persona pasada. Se cree que es más fácil solamente cruzar la calle como la has cruzado antes, te acuerdas de aquella vez que tropezaste y no lo quieres repetir, también piensas en que te vas a tropezar y prefieres no intentar. Cuando todo lo que tienes que hacer es dar el primer salto para empezar a ser la persona futura que cruzó la calle saltando, o cantando, en un pie, en fin no importa cómo, tú decides.

No se trata de que tu persona presente sea la persona que cruzó la calle saltando, se trata de ser la persona que cruza las calles saltando, porque tener la vida que quieres tener no se trata de una meta a largo plazo en el futuro se trata de convertirte en la persona que quieres ser, de la persona que tiene el presente que decidió tener.

Voltea a ver a tu persona pasada y ve a alguien que ya no eres, y busca en tu persona futura alguien que todavía no llegas a ser, y cruza la calle como se te antoje.

Un poco de ciencia no hace daño, Einstein escribió que la distinción entre pasado, presente y futuro es solo una persistente y obstinada ilusión.

A lo que se refería Einstein es a que él presente, el pasado y el futuro coexisten en nuestra mente todo el tiempo. La experiencia consciente es la suma de estas tres partes en la manera en cómo cada una interactúa con las otras dos dentro de una sola mente. Y lo que constituye las zonas horarias o del tiempo dentro de nuestra menta no son tan evidentes como quisiéramos pensarlas. Una capa es muy fácil de identificar, mientras que las otras no tanto.

Existe un presente, pasado y futuro oculto en tu mente que interactúan con tu día a día. Ya hablamos de las memorias, de como hay estímulos en el ambiente que traen memorias a la luz o tenemos que memorias que buscamos tener, y si vas a terapia puedes sacar a la luz mucho de como tu pasado construye tus pensamientos y acciones presentes.

Al mismo tiempo tenemos conciencia del continuo presente, cada segundo tenemos una experiencia de vida en el presente a través de nuestros cinco sentidos. La mente humana evolucionó de tal manera que pudiéramos responder de manera útil a las cosas que suceden a nuestro alrededor en el momento.

Nuestro futuro imaginado lo podemos controlar. Activa e intencionalmente perseguimos metas y deseos, como la promoción en el trabajo, el aumento de sueldo, las vacaciones, la casa de tus sueños. Estos pensamientos aunque no han sucedido están presentes y se muestran continuamente pues nosotros los inventamos.

Pero existe en todos nosotros un presente, un pasado y un futuro ocultos en el inconsciente, como hemos visto Durante el libro nuestra mente está programada de cierta forma, y la seguimos programando con nuestros hábitos, paradigmas y creencias.

Es por ello que no es tan fácil y directo como en mi ejemplo del cruce de la calle. En su libro *Antes de que te des cuenta* de John Bargh, explica en detalle todo lo que afecta esas temporalidades de la mente ocultos en nuestro subconsciente, el porqué tenemos creencias tan arraigadas, que no solo vienen de nuestros padres o del entorno donde crecimos sino que vienen ya en la genética humana. También profundiza en cómo el futuro que buscamos está limitado en el inconsciente por las mismas razones, los grupos a los que pertenecemos étnico, de género, nacionalidad, etc., el sentimiento de pertenencia y los mismos límites que traemos programados en la mente. Por eso el futuro que seguramente quieres lo ves tan difícil de conseguir incluso sabiendo que todo depende de lo que empieces a hacer hoy día a día.

Malcolm Gladwell en su libro *Blink* explica todo lo que influencia nuestras decisiones diarias y de como algunas de ellas son tomadas por los profesionales de las ventas para generar reacciones de compra en la gente.

Este presente, pasado y futuro oculto son usados por la mente mediocre para mantenerte atrapado y atorado en donde estás, dando vueltas sin saber que es lo que está ocurriendo, por qué tomas las decisiones que tomas, y porque sigues el camino que sigues.

A este efecto de la mente mediocre se le llama la resistencia y esto genera una cierta adicción a ser mediocre, en el capítulo nueve veremos detenidamente este fenómeno, pero primero quiero explicarte cómo la mediocridad es tan solo un hábito arraigado en tu mente y la vives día a día.

Capítulo 8

LA MEDIOCRIDAD COMO HÁBITO

"No confundas actividad con productividad mucha gente está ocupada en estar ocupada"
Robin Sharma

La mediocridad trabajadora.

Tu mediocridad te quiere ocupado.

Cuando era niño escuchaba mucho a la gente, incluyendo a mis padres, utilizar el estar ocupado como algo muy bueno en comentarios del estilo:

"Pedro es muy trabajador"

"Carlos siempre está ocupado"

Y se dice porque todavía de vez en cuando escucho comentarios similares como un atributo de la persona a la cual se refieren, pero regresando a mi ejemplo, lo más seguro es que Pedro y Carlos pasen su vida ocupados trabajando, pero nunca salgan del proverbial hoyo.

Quizá me hayas escuchado en alguna de mis conferencias, en redes sociales o en alguno de mis cursos hablar de "el hoyo".

Cuando me refiero a que alguien está en el hoyo, me refiero a una persona que está en un círculo vicioso, con problemas de dinero, problemas de tiempo, trabajo excesivo, sin libertad económica e intercambiando tiempo por dinero. Lamentablemente la gran mayoría de la gente cambia mucho de su tiempo por poco dinero, hay quienes cambian menos de su tiempo por más dinero, pero sin importar cuánto dinero ganes, si tienes que presentarte a trabajar todos los días una cierta cantidad de tiempo para poder ganar ese dinero, estás en el hoyo, estás en ese círculo vicioso que te hace ser uno más del montón.

Hay dueños de negocio, que sienten que por tener su propio negocio van a salir del hoyo, solo para meterse más, y la razón es que no nada más estás cambiando tu tiempo por dinero, sino que además tienes todas las responsabilidades del negocio, gastos fijos, nómina, clientes, producción, calidad, eres dueño de tu negocio veinticuatro horas al día siete días a la semana. Por lo menos cuando eres empleado sales del trabajo y puedes dejar de pensar en tus responsabilidades del trabajo.

A tu mediocridad le encanta que estés en el hoyo, es en donde más gente del montón vive, y para poder tenerte en el hoyo hace que tus hábitos vayan de la mano con estar ahí.

Tus hábitos dependen de tus acciones y comportamientos, tus acciones y comportamientos dependen de tus pensamientos y tus pensamientos dependen de tus creencias, tu sistema de creencias ha sido creado desde que eras muy chico cuando no había todavía la posibilidad de rechazar información, después a través de esas creencias las fuiste reforzando repitiendo dichos o acciones que ya venías escuchando, como el ejemplo al principio de este capítulo. Si tus padres hablaban bien de Pedro el trabajador porque siempre estaba ocupado, eventualmente este dicho no solo lo repetiste sino que lo crees verdadero.

Como crees que el estar ocupado es algo bueno, mientras tengas cosas que hacer vas a sentir que estás siendo productivo, lo malo es que puedes estar ocupado en cosas que no te van a traer ningún resultado positivo.

Hay un desbalance natural descubierto por primera vez en 1896 por un economista italiano quien descubrió que el 80 % de todas las propiedades pertenecía al 20 % de la población, hoy se le llama principio de Pareto, o principio del 80/20 y si bien la proporción no es exacta, es un principio que se repite en todas las cosas, basta con poner atención y te darás cuenta de que:

- El 20 % de tus clientes aporta el 80 % de las ventas.
- El 20 % de la ropa que posees la usas el 80 % del tiempo.
- De tu libreta de contactos al 20 % de tus contactos, le hablas el 80 % del tiempo.
- De tus empleados el 20 % genera el 80 % de los ingresos.
- Y la más importante de todas, del 80 % de tus resultados lo aporta el 20 % de tus actividades, así mismo del 20 % de tus resultados son respuesta al 80 % de tu tiempo.

Y si bien no voy a ahondar en este tema por no ser el propósito del libro, te puedo decir que tu mediocridad te tiene haciendo el 80 % de actividades que solo te genera el 20 % de resultados, eso quiere decir que estás perdiendo el tiempo en estar ocupado, estás haciendo actividades que generan poco o nada y al mismo tiempo sientes que no tienes suficiente tiempo de hacer todo lo que tienes que hacer, o por lo menos eso crees.

Mucha gente que busca libertad económica en empezar un pequeño negocio paralelo a su empleo sienten que no tienen tiempo de hacerlo y por eso nunca lo hacen.

Mucha gente que tiene sobre peso y no está contenta con su cuerpo y/o su salud no se da el tiempo de ir al gimnasio, o de hacer algún deporte.

Mucha gente ocupada siente que no tiene tiempo de hacer cosas con sus hijos o con su gente cercana por estar ocupados.

La realidad es que desde que utilizamos el lenguaje está mal, no digas *"No tengo tiempo de..."*

Mejor di *"no me doy tiempo de..."* porque es más certera la premisa, cuando quieres hacer algo de verdad, tú y yo sabemos que te das el tiempo.

¿Qué tal cuando vas a salir con tus amigos un viernes por la noche, pero necesitas apurarte en el trabajo?

¿Qué tal cuando vas a salir de vacaciones y tienes diez mil cosas que hacer para organizar, trabajo, familia y casa?

Resulta que cuando de verdad quieres ser productivo, puedes ser productivo, la única diferencia radica en tener la motivación correcta, y si, la razón por la cual no tienes la motivación todo el tiempo es porque a tu mediocridad le encanta que pierdas el tiempo.

A tu mediocridad le gusta decir que sí

Yo me considero una buena persona, y me gusta tener a la gente contenta conmigo, me gusta caerles bien, también me gusta la sensación de ayudar a los demás, y eso me hace pensar que la gente me va a ayudar cuando yo lo necesite.

¿Te suena conocido?

Hay un fenómeno llamado el efecto de reciprocidad en donde sientes inconscientemente la necesidad de responder con una atención incluso mayor a quien ha ofrecido un obsequio o una ventaja. Es algo muy común en las negociaciones, en donde si la persona con la que estás negociando te otorga algo, te sientes obligado a otorgarle algo de regreso.

Cuando una persona te pide algo de manera amable con una sonrisa y tono de voz dulce y suave te sientes obligado a responder a esa atención con un *"sí"*, y por ende terminas haciendo un favor.

No hay nada de malo en querer ayudar a los demás, tampoco hay nada de malo en responder con una amabilidad a alguien que está siendo amable con nosotros.

De hecho a tu mediocridad le encanta cuando ayudas a los demás, sobre todo cuando pones cosas que tienes que hacer de lado. A tu mediocridad le encanta que pierdas el tiempo y al mismo tiempo estés ocupado, porque eso nunca te dejará salir del hoyo.

Tienes el hábito de responder con una atención a quien es amable aunque esa atención te haga perder el tiempo y en un día puedes hacer infinidad de favores que no te van a acercar a tus metas. Tu mediocridad te va a mantener siendo esa persona super amable que ayuda a todos porque el decir "no" no está en su vocabulario, a menos que sea algo que te haga más productivo, a eso sin duda dirá que no.

Las palabras "sí" y "no" son usadas como opuestos, si dices que sí eres amable y si dices que no, no lo eres. Aunque si seguimos el efecto de reciprocidad, puedes decir "no" de la misma manera amable como se te pidió el favor y otorgar una explicación de lo que vas a hacer con ese tiempo.

Cuando dices que "sí" en realidad le estás diciendo que "no" a todo lo demás que podías hacer con ese tiempo. Esto le encanta tu mediocridad.

En cambio cuando dices que "no" abres las posibilidades de lo que puedes hacer con tu tiempo, como dijo el economista Tim Harford: *"Decir que 'no' es como un crédito de tiempo. El decir que 'no' te ahorra tiempo en el futuro, el decir que 'sí' te cuesta tiempo en el futuro, el decir que 'sí' es una especie de deuda de tiempo. El decir 'no' es una decisión, el decir 'sí' es una responsabilidad".*

El tiempo es el único recurso con el que cuentas del cual no puedes comprar mas, no puedes cambiarlo con nadie, ni habrá vuelta atrás, sin embargo es el recurso que más desperdicias. Como dijo el inversionista Pedro Sorrentino: *"Si no proteges tu tiempo la gente va a querer robarlo".*

Steve Jobs dijo que la gente piensa que enfoque quiere decir decirle "sí" a la cosa en la cual tienes que enfocarte. Pero eso no es lo que significa en absoluto. Significa que le tienes que decir que no a los cientos de otras buenas ideas que hay. Tienes que escoger con cuidado.

Tu mediocridad quiere que te distraigas

Así como dijo Steve Jobs, hay cien ideas muy buenas de cosas que puedes hacer, una vez que decides dedicarte a una, le tienes que decir "no" a todas las demás. El secreto del enfoque es que no puedes servir a dos amos al mismo tiempo.

Está comprobado que el *multitasking*/multitareas primero que nada no existe, tú sientes que eres bueno para hacer dos, tres o cinco cosas a la vez, pero la realidad es que solo te puedes concentrar en una cosa a la vez, y el tiempo que pasa entre una actividad y otra es tiempo perdido, no nada más eso, sino que necesitas volver a tomar el hilo de la actividad que estabas haciendo antes de cambiar de actividad.

Pero lo mejor de todo es que tu mediocridad te va a hacer creer que eres buenísimo para hacer dos y tres cosas a la vez, y esas a estar escribiendo un correo electrónico importante cuando te llega un mensaje de texto al teléfono, ves la pantalla y ves que también es importante, para esto ya estás distraído, decides contestar el mensaje, total que únicamente te va a tomar dos segundos. Cuando despiertas a la conciencia del aquí y el ahora te das cuenta de que estás en Instagram o en Tiktok viendo un video de un gato tocando el piano. No sabes cuántos videos viste, no sabes cuánto tiempo pasó y al hacer memoria, no solo contestaste el mensaje de texto, sino que revisaste otros mensajes, Facebook y terminaste en Tiktok. Regresar a tu correo es doloroso; encima cuando lo relees ya no sabes qué ibas a escribir. Tu mediocridad te puso en piloto automático para distraerte.

Estamos en la era de la información, tenemos acceso a infinidad de datos, según las estadísticas se dice que en un día un ser humano promedio con teléfono inteligente consume treinta y cuatro *gigabytes* al día, más de la información que hace cien años consumía una persona promedio en un año.

Esa cantidad es consumida en promedio, pero puedes consumir noticias, programas de televisión, videos de YouTube o TikTok, cada estado de cada uno de tus amigos en Facebook, libros, Wikipedia, como resolver problemas del trabajo, o cómo resolver problemas emocionales, decisiones de qué comer, dónde comer, etc. La cosa es que tu mente tiene una capacidad enorme pero limitada, y toda la basura de información que consumes tiene un costo.

Las neuronas son células vivas con un metabolismo, necesitan oxígeno y glucosa para sobrevivir y cuando trabajan duro genera fatiga. El cerebro pesa el 20 % del total de tu peso corporal, pero utiliza cinco veces más energía que tu cuerpo.

La capacidad de procesamiento de la mente consciente ha sido estimada por diferentes investigadores incluyendo a Mihaly Csikszentmihalyi y Robert Lucky en ciento veinte bits por segundo. Este es el máximo de información a la cual podemos poner atención en cualquier momento. Piensa en ese máximo de información por segundo como un ancho de banda de la mente humana. El escuchar a otra persona hablando necesitas aproximadamente sesenta bits de información por segundo para entenderle, si te hablan dos personas al mismo tiempo ya saturaste tu ancho de banda y apenas si les puedes entender a las dos personas hablando al mismo tiempo. Es por eso que no te puedes concentrar en escribir el *email* y contestar el mensaje al mismo tiempo y cambias tu atención de una actividad a la otra constantemente.

Cuando vas manejando y contestas un mensaje de texto mientras le cambias a la música y platicas con tu acompañante, ¿qué tanta atención real crees que le estás poniendo al camino, o estás dependiendo demasiado en tu mente inconsciente?

La atención es el recurso mental más esencial de cualquier persona, determina que aspecto del medio en el que nos encontramos es con el que lidiamos, la mayor parte del tiempo, los sistemas automáticos de la mente desde nuestro subconsciente toman la decisión "correcta" de lo que pasa a nuestra mente consiente. Y para que esto suceda, hay millones de neuronas constantemente monitoreando el medio para seleccionar en que vamos a enfocar nuestra atención.

Es por ello que cuando vas en la carretera manejando por un par de horas ya no recuerdas el paisaje que pasaste. Tu sistema de atención te protege de registrarlo porque no está catalogado como importante. Ahora si piensas un poco que tu mediocridad está programada dentro de tu mente inconsciente y participa de los procesos automáticos de tu mente. ¿Qué oportunidades no dejará pasar?

Hace unos meses me invitaron a correr una carrera automovilística de resistencia, en unos pequeños carros tubulares con motores de 1.8lt. carrocería de fibra de vidrio y 100 % mecánicos, sin sistemas eléctricos. Yo nunca había corrido en este tipo de coches y si bien tengo algo de experiencia en pista, no la suficiente como para sentirme cómodo luego luego. Tuve muy poca práctica antes de la carrera, la cual consiste en veinticuatro horas seguidas de manejo, cuanto pilotos en equipo y con relevos, y el auto que más vueltas haga al término de las veinticuatro horas gana.

Resulta que me tocó manejar de segundo piloto, el primero manejó aproximadamente 3.5 horas, lo equivalente a dos tanques de gasolina y cuando llegó mi turno, entre la emoción, el miedo, la falta de experiencia y demás todos mis sentidos estaban en el manejo, mi atención completa en los cambios manuales de velocidad, en las vueltas, en sentir las llantas y el coche, en mis tiempos para ver si los podía bajar. Y si como cualquier actividad que repites, después de unas cuantas vueltas estaba yo en mi medio, entre más manejaba mejor me sentía. Hay una alarma visual en el tacómetro en donde te marca una luz amarilla el máximo de revoluciones del motor para hacer el cambio y después de un tiempo escuchando el motor y por la posición del coche con respecto a la pista estaba haciendo los cambios incluso antes de que se prendiera la alarma, pero justo en el momento. Una sensación muy padre, la verdad. Estaba yo muy contento. Pero como todo después de 3.5 horas aproximadamente de manejo y con el cansancio del día más la noche pues me tocó manejar en el anochecer y parte de noche, ya mi mente inconsciente tomaba el control de ciertos procesos, tan esa así que se siente como si entraras en un trance, pierdes noción del tiempo, de las vueltas y hasta de los tiempos, cada vuelta en promedio me tomaba dos minutos hacerla lo cual significa que di muchas. Ya para terminar mi turno. Y pasarle la batuta al siguiente piloto, en la recta de meta me ocurrió algo inesperado, me pasé de revoluciones y algo explotó en el motor. La razón para que algo así ocurra es simple, un error en la palanca de velocidades, pero estaba yo ya en la recta y en la velocidad máxima por lo cual no fue al hacer el cambio a quinta, según yo nada cambió de las vueltas anteriores, lo cierto es que no me acuerdo qué pasó, no sé qué hice, ni cómo lo hice. Superfrustrante, pues es un error muy grave y ni siquiera sé exactamente cuál fue el error.

Venía yo en piloto automático y de alguna forma u otra cometí un error del cual no me acuerdo.

Así como este ejemplo tan evidente de como toma las riendas de nuestra mente un proceso automático con mayor capacidad de proceso de información, incluso en una situación para la cual yo al empezarla necesitaba de toda mi atención, después de practicar lo suficiente, tengo evidencia que relegué gran parte de los procesos.

En tu vida, en tu día a día esto sucede según expertos entre un 85 a un 99 % de los procesos y como todo a tu mediocridad le encanta que esos procesos sean automáticos y repetitivos porque así está cómoda.

A tu mediocridad le gusta estar cómoda

Por naturaleza humana y como una función instintiva de supervivencia, o buscas placer o buscas alejarte del dolor.

En un mundo más primitivo este impulso hacía que comieras, que durmieras, que te protegieras del frío, del calor, del viento, es el primer gran impulso para reproducirte y darle continuidad a tu ADN. Básicamente cubrir tus necesidades básicas: las fisiológicas, las de seguridad y hasta las de pertenencia. Y todas de manera muy instintiva.

A través de tu vida has seguido pasos preestablecidos. Te dieron límites en casa, te enseñaron todo desde cómo bañarte hasta a no masticar con la boca llena, en tu casa se estipuló qué lenguaje era adecuado en qué situaciones y cuál no, te llevaron a la escuela en donde aprendiste no solo conocimientos académicos sino reglas de comportamiento en el salón de clases, en el recreo y con los compañeros, en las fiestas infantiles también se te enseñó como comportarte, seguiste avanzando en los niveles de escuela hasta muy posiblemente la universidad, de aquí al salir buscaste un empleo, te hiciste cargo del negocio familiar o pusiste un pequeño negocio, siguiendo los parámetros de la sociedad, tu comunidad y tu familia.

Como nadie te dijo que sigue después de este punto, puedes pasar el resto de tu vida en este nivel sin darte cuenta. Si yo no hubiera tenido el apoyo y empuje de mi papá para irme a trabajar en ese barco de vela, muy posiblemente hubiera terminado la Maestría, me hubiera dejado llevar por el grupo al que ahora pertenecía de jóvenes ejecutivos queriendo crecer y desarrollarse en su medio y lo más seguro es que tuviera un trabajo en una empresa grande, donde muy posiblemente estuviera buscando la promoción, la oficina en el piso más alto en esquina y con buena vista. Pero me di cuenta de que esa no era mi vida. Y no importa el dinero o los beneficios que puedas llegar a tener, esa es otra historia.

Esa no era la vida que para mí valía la pena vivir, por eso mi lema de buscar vivir una vida que valga la pena vivir y cada quien su vida, porque cuando llegas a la recta final de ella y volteas hacia atrás te vas a arrepentir de todas las cosas que no hiciste más de las cosas que si hiciste.

En este punto es donde te gradúas como mediocre, porque como ya sabes, tu mente inconsciente está programada de acuerdo no solo a las creencias que fueron alimentadas desde niño sino a través de comportamientos habituales tuyos. Si te sigues comportando de la misma manera no hay crecimiento, si no hay crecimiento decaes. Y si tu día a día es hasta un 99 % igual a tu día anterior, no va a haber ningún crecimiento. Ese es el *statu quo*.

La mediocridad que te mantiene gordo.

¿Por qué crees que es tan difícil para algunas personas perder peso, o tener su peso ideal?

La realidad es que desde 1975 la obesidad en el mundo se ha triplicado, en 2020 se considera que hay entre niños y adolescentes 158 millones con obesidad, para 2030 se pronostica este número suba a 254 millones. El problema se está convirtiendo poco a poco en la media. Se han publicado fotografías en playas concurridas en California en 1975 y en 2020 donde se percibe claramente como el peso y grasa corporal promedio de la gente ha aumentado significativamente.

La industria alimenticia ha cambiado, la sociedad ha cambiado. Es más fácil ahora recurrir a comida chatarra, también es más difícil encontrar comida real y no procesada, la ciencia ha inventado texturas, sabores y hasta sonidos cuando muerdes la comida, espectaculares. Explosiones de sabor y experiencia al comer sin igual.

A los gobiernos no les importa, a la industria no le importa, a la sociedad en general no le importa, entonces la única persona que puede hacer algo por su peso y por ende su salud eres tú. El ser gordo, tener sobrepeso u obesidad se está convirtiendo en la media.

Normalizar el tener sobrepeso hay más fácil que la gente tenga sobrepeso y lo vea como algo normal y natural.

Yo comparo mucho del alcanzar tus metas financieras con perder peso y he recibido muchas críticas por lo mismo, creo que la gente que puede tener el cuerpo que quiere, no entiende cómo tener éxito en otros aspectos de su vida y viceversa. Una de las grandes críticas que recibo dice de cómo es posible si para alcanzar una meta corporal es igual a una financiera, cómo es posible que existan millonarios gordos. La única diferencia es que los millonarios gordos no le dan importancia a su peso corporal como le dan a su libertad financiera.

La mente mediocre te va a querer convencer de que tu figura es genética, de que eres de hueso ancho, corpulento, etc., porque busca el placer y huye del dolor, ¿te acuerdas?

La mente mediocre o esa parte de la mente que busca la comodidad, esa que te quiere mantener en donde estás porque es el camino más fácil, esa que no te deja tomar buenas decisiones o simplemente no te deja decidir, esa que te mantiene con sobrepeso le llamo “la resistencia”. Así como cuando una pequeña fracción de personas luchan contra un régimen específico, tú tienes una resistencia dentro de ti que no te deja tener la vida que podrías tener, y deseas tener, de esto vamos a hablar en el siguiente capítulo.

Capítulo 9

EL PODER DE LA MEDIOCRIDAD: LA RESISTENCIA

"Si tienes conciencia de tus hábitos automáticos, y entiendes tus comportamientos inconscientes de tal forma que no sean inconscientes de nuevo, entonces estarás cambiando"

Un amigo cercano decía que dejar de fumar era muy fácil, que lo difícil era no volver a empezar.

Te fijas que la gente sabiendo que algo es nocivo para su salud, sigue haciendo eso que sabe a la larga lo va a matar, esa oración con la que arranque este capítulo se repite diariamente en la mente de todos las personas, con diferentes connotaciones pero la misma premisa.

- Dejar las donas es fácil, lo difícil es no volverlas a comer.
- Ir al gimnasio es fácil, lo difícil es seguir yendo.
- Enfocarme en cosas productivas es fácil, lo difícil es no distraerme.
- Tener una buena dieta es fácil, lo difícil es mantenerla.

- Trabajar en aquello que cambiará mi vida es fácil, lo difícil es seguir haciéndolo hasta tener éxito.
- Tocar un instrumento es fácil, lo difícil es practicar hasta que salgan melodías.

El procrastinar se puede entender cómo aquello que sabes que necesitas hacer, pero decides no hacerlo una y otra vez.

Al día de hoy estoy seguro de que todo lo que has logrado en tu vida te ha costado trabajo, ha habido un cierto sacrificio, un trabajo y un compromiso. Todo tiene un precio y no hay nada más caro que lo que no estamos dispuestos a pagar. Esto es cierto hasta cierto punto porque no me puedes decir que una persona consiente no quiere dejar de fumar y alargar su vida o quizá evitar una enfermedad muy difícil, que una mujer con sobrepeso llena de vanidad no quiere tener mejor figura, que quieres mejores relaciones, que quieres más lana, que quieres más tiempo, mejor trabajo, ser mejor padre.

Todo eso que te gustaría tener en la vida, y al tener no me refiero a cosas materiales, sino tener como persona, ser. Esto es lo primero que te detiene a tener, no tienes cosas materiales porque no eres la persona que sabe cómo recibir esas cosas materiales.

En la vida no recibes lo que quieres, lo que negocias, lo que intercambias, lo que robas. Recibes o que eres como persona, y si no eres la persona que va a estar en ese nivel de resultados, una de dos o nunca lo vas a tener o lo vas a dejar perder. En el libro de *La mente millonaria* Harv Eker lo compara con un recipiente, en donde tienes el recipiente que estás listo a tener, si recibes más dinero del que tiene tu recipiente, este se desborda y pierdes todo lo que no quepa en tu recipiente, como un atleta que gana millones únicamente para perderlos o despilfarrarlos muy rápido, el mejor caso que puedo mencionar es el de Mike Tyson a quien se le atribuye haber ganado en su carrera setecientos millones de dólares y al momento de escribir estas líneas, la fortuna de Mike tan solo es de tres millones. Mike tiene un recipiente de tres millones. Y una de dos, por su recipiente nunca iba a ganar más de tres millones o lo iba a perder. La gente que gana la lotería recibe una herencia. En fin ya entendiste mi punto. Y este ejemplo solamente habla del dinero, pero esa analogía del recipiente funciona para todo, tienes un recipiente de salud, de figura, de estética, de familia, de relaciones personales, de trabajo, de negocio, la lista es tan larga como se te ocurra.

¿Qué determina el tamaño del recipiente?

El entendimiento, la conciencia, el *awareness*, son cosas que puedes aumentar, al aumentarlas mejoraran tus resultados en el ámbito de tu vida en donde estés elevando estas tres cosas.

Yo crecí jugando Nintendo, pero el original, donde el primer Super Mario Bros. que existió, era un universo de diferentes mundos o niveles, pero estaba lleno de trucos, de premios ocultos, de niveles ocultos, de formas de brincar de un mundo a otro a través de pasadizos secretos, si te tocó jugarlo, te acordarás de los *"warp zone"* donde podías ir adelantando mundos. Te platico esto porque se me hace un ejemplo perfecto para explicar estos tres puntos.

El entendimiento, al entender como funcionaba el juego, sabias como ir más rápido, como brincar, en que momento brincar, hasta en ocasiones podías volar, entender como funcionaba te hacía poderlo jugar mejor y no solo eso, sabías que podías buscar cosas secretas que te iban a ayudar.

La conciencia, esta sería el saber dónde están los premios, donde están los mundos secretos y los *warp* para avanzar más rápido, imagina el juego de Mario como tu vida, entre más lo jugabas más conciencia adquirías, ¿No te gustaría tener esa conciencia de tu vida, de tus resultados, de tus relaciones, de tu todo? Es más, podías aumentar la conciencia del juego a través de artículos en revistas de videojuegos o en programas de televisión, todavía no se usaba el internet como ahora, hoy seguro *googleas* Super Mario bros., y te da todos los secretos. Así, el tener conciencia de tu vida, al trabajar con un *coach*, al trabajar con mentores, al mejorar tu círculo social, es así como aumenta tu conciencia más rápido. Pero de esto en específico te voy a contar más en el capítulo diez.

El *awareness* es una palabra en inglés que creo engloba los conceptos de conciencia de ti mismo, entendimiento y responsabilidad de tus resultados. No hay una traducción literal a esta palabra, es por ello que la uso.

La mediocridad es tan fuerte y está tan grabada en la programación mental de la gran mayoría de la gente que aunque empieces a darte cuenta a través de ese *awareness*, de las cosas que te están limitando, siguiendo el ejemplo del juego, ya sabes que en el nivel que estás jugando hay un pasaje secreto para brincar tres niveles adelante, pero todavía no sabes exactamente donde está, entonces lo estás buscando, claro que cuando lo encuentras significa que ya aumentaste todavía más tu *awareness*.

Pongamos un ejemplo de la vida, digamos que quieres perder peso, una meta común y con la cual millones de personas luchan todos los días.

Es increíble saber que es lo que tienes que hacer más, sin embargo, no lo haces, o lo haces y te das por vencido, ¿Por qué crees que sea esto?

Sabes que tienes que comer menos productos procesados, balancear mejor tus comidas, tomas más agua, menos comida chatarra, menos azúcar y que tienes que hacer ejercicio. No suena complicado ¿verdad?

Te inscribes en el gimnasio, encima contratas un entrenador que te ponga una rutina, estás feliz el primer día, la primera semana, después poco a poco empiezas a faltar o a querer faltar, te pones pretextos de estar muy cansado, un día difícil, no dormir bien, no haber tenido tiempo de comer sano, tu entrenador hoy no va, en fin empiezan a salir todas esas razones por las cuales puedes justificar el dejar de ir al gimnasio, pero ya pagaste así que te apuntas y vas hasta que termina el mes. No sabes si pagar otro, pero te convences de que si pagas otro mes vas a seguir yendo aunque ya no pagas al entrenador porque ya sabes lo que tienes que hacer, empiezas a faltar más, hasta que buscas un pretexto como un fin de semana largo y dejas de ir, solo para repetir el ciclo seis meses después.

Igual con la comida: empiezas muy emocionado, preparas comidas en tu casa y si comes fuera tomas las mejores decisiones, ya llevas dos semanas, pero llega un evento social en donde te tomaste dos cervezas, comiste pizza y terminaste con una dona, como ya no seguiste la dieta te tomas otras dos cervezas, te comes otra dona y guardas pizza para el desayuno, con el pretexto de que estás cansado, con resaca, y ya rompiste la dieta, te desayunas la pizza te comes otra dona y todo ese día comes lo que no has comido en dos semanas.

A lo mejor eres de los pocos que vuelven a empezar el siguiente lunes y juntas otras dos semanas antes de empezar a romper la dieta más seguido o quizá ese mismo fin de semana es el final de esa dieta, y este ciclo lo repites cada tres o cuatro meses.

Puede ser que en tu caso no sea exactamente como lo describo, pero estoy seguro de que has vivido algo muy similar, y estos ciclos los vives todos los años, año tras año siempre pensando que ahora sí es la buena.

Con el tema de la comida, la programación es muy similar para todos, desde chico te premiaban con dulces, golosinas, pasteles, postres, cada celebración soplabas velas de un pastel y todo mundo comía pastel, te sentías mal y te daban algo dulce, salidas con amigos incluían cosas dulces, y hoy te sigues premiando con donas y pasteles, pero eso no es lo único también cuando estás estresado vas por la dona o el pastel. Cuando estás cansado te premias con dulce, cuando estás triste, cuando estás frustrado, cuando estás contento.

Tu sistema de creencias, o tu programación es tan fuerte que sabe exactamente que con cualquier tipo de emoción flaqueas, entonces por más que intentes, el camino fácil es regresar a lo que ya conoces, a la forma en como te reconoces, y te reconoces con eso que has vivido toda tu vida, es más fácil ser la persona que come donas que ser la persona que cuida su alimentación, y aquí estoy tocando apenas la orilla, porque hay personas que están a dieta, no aguantan las ganas, se comen la dona y exactamente en e, momento que se la terminan, se sienten culpables de haberla comido, por lo cual ni siquiera la disfrutan, se sienten tan mal que se estresan de lo que hicieron y se premian con otra dona, solo para sentir más culpa. ¿Te suena? Es un poco exagerado el ejemplo pero es clásico.

Las emociones juegan un papel muy importante en nuestro comportamiento, de hecho te diría que las emociones tienen mente propia, y son más fuertes que nuestra mente consciente. Por lo que si quieres controlar tus impulsos emocionales con pura fuerza de voluntad siempre vas a perder, puedes detener un poco a esa mente emocional pero sin falla siempre te va a vencer y a esto le llamo la resistencia.

La resistencia viene desde dentro de nuestra mente, hay un proceso natural biológico de nombre homeostasis el cual regula nuestro organismo a manera de que siempre haya un balance, sin estos procesos el cuerpo podría entrar en caos, cuando hace frío los temblores son para regular la temperatura, cuando hace calor transpiras, cuando estás deshidratado te da sed, cuando entra un virus al organismo se activa el sistema linfático, se regula el ph, la glucosa, el calcio, el ritmo de la respiración, en fin un sinnúmero de sistemas automáticos en donde la función principal es mantener el balance y evitar la entropía.

La relación de tu mente y tu cuerpo también siempre requiere un balance, así como ya lo vimos en el capítulo cuatro cuando piensas en algo que te generó una emoción negativa y genera una reacción en el cuerpo, el intercambio de químicos y señales entre cuerpo y mente para que ambos se sientan de la misma manera y estén en balance, y para romper ese ciclo es poco a poco o a través de un trabajo consciente de la persona en donde se va a topar con una resistencia.

Tu mente emocional, tu mente inconsciente y hasta en ocasiones tú conscientemente quieres lo más fácil, el camino de menor resistencia, los placeres, el pensar lo menos posible, el trabajo fácil y evitar responsabilidad, el trabajar en auto motivación, en aprender, en trabajar en cosas difíciles, en estar incómodo.

En pocas palabras siempre vas a buscar la zona de confort, esa estabilidad que nos vendieron desde niños, como me pasó con la historia que te conté en el primer capítulo de como mi papá me quería programar para ser mediocre.

La resistencia

"La mayor parte de nosotros tenemos dos vidas, la vida que vivimos, y la vida que podríamos vivir, entre las dos está: la resistencia"
Steven Pressfield

¿Alguna vez empezaste una nueva dieta, un nuevo programa, un curso?, ¿Alguna vez tuviste una gran idea, un gran proyecto, pero no seguiste con él? ¿Alguna vez quisiste escribir un libro, o un *blog*, empezar un negocio, pero no lo hiciste? Es más, ¿alguna vez buscaste a esa persona atractiva en un bar o en una fiesta y fallaste en acercarte y presentarte?

Todo lo que algún día pensaste en hacer que no hiciste o no terminaste es la prueba que con todos los demás sufres de a lo que Steven Pressfield se refiere como "La Resistencia".

La resistencia como le llama Pressfield es a lo que yo he denominado la mente mediocre y es esa voz en ti que previene que hagas las cosas que sabes que tienes que hacer si quieres lo que quieres lograr. Básicamente cada vez que quieres cambiar algo viejo en tí por algo nuevo como un hábito, la resistencia se presenta.

- Empiezo la dieta mañana, por mientras me como otra dona y cómo ya voy a empezar mañana una rebanada de pizza también.
- Tengo mucho tiempo de hacer ese negocio, por ahora estoy cómodo.
- Ya habrá oportunidad de aprender otro idioma.
- Mejor empiezo el gimnasio mañana hoy estoy cansado.

Y podría seguir con los ejemplos, ¿te suena conocido?

Todo aquello que requiere fuerza de voluntad, disciplina o vencer tus miedos es una amenaza a tu mente mediocre.

La resistencia es vacilar en tus decisiones, es procrastinar, es seguir con tus miedos. Básicamente la resistencia es aquello que previene que hagas lo que estás destinado a hacer.

Tus miedos, tu falta de decisión y tu habilidad para procrastinar es exactamente lo mismo a esa resistencia que te presenta tu mente mediocre.

Para vencerla, el primer paso es encontrar tus sueños, nunca vas a poder vencer la resistencia si para romperla buscas algo que no sueñas hacer, tener y ser. La buena noticia que podrás reconocer aquello que más quieres con la intensidad de la resistencia. Digamos que la resistencia es directamente proporcional a la necesidad que tienes de hacer eso en tu vida.

Si al buscar un cambio te sientes un poco indiferente, no te brillan los ojos y no te mueres de miedo, no creo que ese proyecto valga la pena perseguir tanto como el otro que si te presenta esa resistencia intensa.

La resistencia es la medida de que tanto importa aquello que quieres hacer, el truco es que entre más resistencia sientas, más necesitas hacer aquello a lo que tu mente mediocre se resiste.

¿Quieres dejar tu trabajo y emprender con esa idea fabulosa, pero tu propia mente te está saboteando en el intento o en ni siquiera empezar? Y ¿cada vez que lo piensas te mueres de miedo, de ansiedad, y buscas todas las razones por las cuales no vas a poder o vas a fracasar?

Entre más fuerte sea la resistencia, más lo quieres, más lo necesitas y más te tienes que enfrentar a la resistencia y lograrlo.

Tienes que estar comprometido con lo que haces, trabajo, negocio, ejercicio, nutrición. Si vale la pena no te puedes dar por vencido. Es más te acuerdas en el capítulo de la mente mediocre donde una de las respuestas automáticas es generada por la necesidad de consistencia, puedes ser consistente y generar respuestas automáticas hacia tus sueños, pero primero te tienes que comprometer.

Acepta el hecho de que vas a tener que vivir con la resistencia toda tu vida, esto no es algo que unas personas tienen más que otras. La diferencia entre personas solo radica en aquello que les genera mayor resistencia, pero todos la sufrimos, incluso esa gente que ves haciendo lo que sueña, que está rodeada de éxitos, la única diferencia es que ganan la batalla con la resistencia la mayor parte del tiempo.

Es un paradigma, en capítulos anteriores te explico como la gran mayoría de la gente se deja llevar en piloto automático siguiendo metas y valores genéricos y ahora te explico como tu vida está en el camino de mayor resistencia. Entender la resistencia y aprender a enfrentarla te llevará a todo aquello que deseas y sueñas.

Si piensas que para hacer ciertas cosas, para tener el éxito que han tenido otros a los que admiras y hasta el éxito de las grandes celebridades. Si crees que ellos tienen algo que tú no tienes, te tengo buenas noticias, porque está probado que las personas altamente exitosas no tienen nada especial, te lo explico en el siguiente capítulo.

Capítulo 10

LA INTELIGENCIA DE LA MEDIOCRIDAD

"El genio comienza las grandes obras, pero solo el trabajo las acaba"
Joseph Joubert

Existe la creencia que la gente más inteligente en el mundo es la gente que logra más en la vida, pero está comprobado que no es así, y no nada más por la infinidad de autores e investigadores que han dedicado su vida a entender este fenómeno, si pones atención lo puedes ver en el día a día. En la escuela, los niños con mejores calificaciones no son necesariamente los más exitosos en su vida hoy.

Yo recuerdo estar en la universidad, en clases de Cálculo Vectorial, me acuerdo del nombre, pero no me preguntes mucho de la materia porque no sé mucho, donde había varios de mis compañeros que entendían no solo el concepto, sino que resolvían las ecuaciones con mucha facilidad y a mí la verdad que esa habilidad me eludía por no decir que no podía. De verdad me esforzaba en aprender, y aprender para resolver los problemas que nos ponía el profesor y es una de las pocas ocasiones en que me he sentido tan inútil. A la fecha no sé cómo pasé esa materia. Lo que si se es que ninguno de mis compañeros utilizan esa habilidad hoy en día, también sé que mis compañeros que tenían más habilidad en cuestiones académicas no son necesariamente los que más logros han juntado, todos son exitosos en sus vidas, pero no todos han descubierto la cura a la mediocridad. Y ojo, no lo digo desde una posición de juzgar, lo digo desde una posición de observación. La gran mayoría de la gente vive de la misma manera y es por eso que se le llama la media o el promedio. Hay muchas capas y para destacar en todos los ámbitos de tu vida necesitas ser consciente del ámbito al cual le estás apuntando.

- Ser pareja exitosa
- Ser persona exitosa
- Ser buen padre o madre exitosos
- Ser buen hermano
- Ser buen ser humano
- Ser exitosa en tu negocio
- Ser exitosa en tu trabajo
- Ser exitosa en tu deporte
- Ser exitosa en tus habilidades
- Vivir (ser) la vida que vale la pena vivir.

La lista puede ser interminable desde ganar más dinero hasta tener una gran habilidad en un instrumento musical de nombre raro.

¿Te fijas que en la lista anterior, todos los puntos empiezan con "Ser"?

Esto es porque para poder tener la experiencia de cualquier ámbito necesitas primero ser.

No se trata de hacer cosas que te hagan feliz, tienes que ser primero una persona feliz y por eso haces cosas que te mantienen feliz, primero tienes que ser una persona generosa para después dar. De lo contrario, te estarías mintiendo. En el capítulo de personalidad hablamos de cómo, de acuerdo a las emociones que nosotros mismos nos hacemos sentir, actuamos y reaccionamos a diferentes estímulos, los cuales nos hacen tener primero una reacción, después un humor que se convierte en una personalidad, por eso conocemos gente que se nos hace siempre gruñona, gente feliz, gente insegura, gente con culpa, gente agradecida, gente generosa, etc.

No puedes hacer algo bueno por tus hijos y llamarte buen padre si todo lo demás que haces los lastima, en cambio, si eres buena madre, tus acciones van a hablar de ello aunque de repente te enojes y los castigues o les levantes la voz.

En esta vida tienes lo que eres como persona, me has escuchado decir esto una y otra vez, y seguramente te estarás preguntando algo así como:

¿Entonces puedo decidir ser rico y ya con eso voy a tener dinero?

Y aunque suene raro y contra intuitivo, si es cierto porque el rico hace las cosas diferentes al pobre, entonces si de la noche a la mañana empezaras a actuar como alguien rico, seguramente lograrías esa riqueza o libertad económica en la que estás pensando. La cosa es que nadie sabe lo que no sabe. Y si tú nunca has sido rico, seguramente no sabrías cómo "ser rico".

Te voy a poner un ejemplo diferente. La mayor parte de la gente tiene problemas con la comida, con el peso, con su físico. Y no necesariamente porque sean "problemas" reales, pero siempre hay una meta en mente de este tipo y la gran mayoría de la gente vive en un ciclo constante. En donde hacen ejercicio y comen bien por una temporada de tiempo solo para dejarlo porque llegaron las vacaciones o por una etapa estresante en el trabajo o con la familia.

Si yo soy una persona común la cual tiene que ponerse a dieta restringiendo comidas y forzarse para bajar de peso. Siempre que quiera bajar de peso voy a tener que forzar los hábitos, por ende siempre estaré alimentando la mediocridad en mis metas alimenticias, deportivas y de físico. Si, en cambio, pienso en mí como una persona sana, activa que come bien por estilo de vida, cuando llegue la charola con las donas voy a decir, ¡no! Yo no como donas. O incluso más profundo, puedes decir ¡sí! La pruebo y comerte un pequeño pedazo. Como eres una persona activa te puedes estacionar lejos de la entrada al supermercado, no utilizar el elevador o escaleras eléctricas y mejor que nada buscas hacer algún deporte o ejercicio todos los días. Al mismo tiempo como piensas de ti que eres una persona activa juegas con tus hijos y/o mascotas cuando puedes y te inscribes en los torneos de la oficina. El cambio mental es radical, no te voy a convencer de que es fácil hacer el cambio, pero al ser la persona que quieres ser puedes lograr lo que te propongas. El secreto es ser y dejar de ser, si todavía no te queda claro no te preocupes, pues en un capítulo siguiente profundaremos más en esto.

Si en vez de decir soy una persona rica, piensas en términos de soy una persona exitosa, soy un emprendedor exitoso, soy una persona que busca cómo resolver problemas, soy lo que quiero ser. Y te comprometes a serlo, cada vez irás dejando de lado los hábitos de quien eras anteriormente e irás adoptando los hábitos que te convertirán en quien quieres ser.

Dejar de ser el tú mediocre, y empezar a ser el tú que se destaca en lo que se quiere destacar, es la mejor manera de confundir a esa mediocridad que tienes dentro para que no se dé cuenta en qué momento dejó de serlo.

La inteligencia académica es una inteligencia muy particular porque te da habilidades en términos académicos, y si bien necesitas habilidades técnicas y académicas para destacarte como médico, ingeniero, científico, carpintero, constructor, carnicero. No importa el rubro donde estés, para volverte experto en lo que haces necesitas habilidad y conocimiento. Pero el ser experto no te hará necesariamente el más exitoso o la que tenga mayor nivel de logro. Vivimos en un mundo en donde valoramos las cosas con signos de pesos o dólares, y medimos el éxito en términos de dinero también. El problema con el solo medir el éxito en términos de dinero es que eso nos mantendrá mediocres en otros ámbitos de la vida.

Conozco y he trabajado con mucha gente que gana mucho dinero como profesionista en empresas multinacionales, con grandes prestaciones, pero cambiando su tiempo por dinero. De qué sirve ser millonario si solamente utilizas ese auto deportivo para ir a la oficina antes de que amanezca y para regresar de la oficina en la noche.

El éxito en mí muy personal opinión es vivir una vida que valga la pena vivir, y cada quien su vida.

Esto es, vivir la vida que tiene sentido, hacer aquellas actividades que te traen satisfacción más allá del dinero, en todos los ámbitos de tu vida y cada quien su vida porque todos tenemos pasiones y talentos diferentes.

Ahora bien, para poder ser exitoso en tu vida, para poder vivir esa vida que vale la pena vivir necesitas ser más inteligente, pero no hablo de la inteligencia que te han convencido todos estos años, esa que miden en el ámbito académico es el cociente intelectual o CI.

El cociente Intelectual no está ligado al éxito.

El primer estudio que se hizo en este respecto lo llevó a cabo Lewis Terman, profesor de la Universidad de Stanford en 1921. Buscaba identificar y registrar la evolución de los niños más inteligentes de EE. UU. Seleccionó a un grupo de 1470 niños con un CI muy alto y los denominó el grupo de los Termitas.

Tras décadas de seguimiento comprobó que los estudiantes no habían realizado grandes aportaciones a la sociedad. Ni obtenido los resultados que se esperaba de ellos. Es más, una vez analizados los resultados, se dieron cuenta de que lo más probable es que de haber elegido estudiantes al azar sin tomar en cuenta su CI se hubieran obtenido resultados similares.

Parece que para lograr determinados objetivos hay que tener un mínimo de CI, pero no garantiza un éxito significativo. Esto depende de otros factores como la creatividad, la determinación y actitud para aportar soluciones prácticas a los problemas del día a día, la capacidad para gestionar emociones o la inteligencia emocional.

En 1983 Howard Gardener presentó su "teoría de las Inteligencias Múltiples" en su libro *Frames of mind* en donde discute las múltiples dimensiones de la inteligencia y cómo dotan de perfiles cognitivos únicos para cada persona.

Todos destacamos de una manera especial en algún área en particular, estas aptitudes innatas nos permiten ser mejor o peor en el desempeño de ciertas tareas. Estos son tus talentos.

Howard Gardner defiende que, así como hay muchos tipos de problemas que resolver, también hay muchos tipos de inteligencias, que se pueden adaptar y aplicar a la resolución de los mismos.

Hasta la fecha, Howard Gardner y su equipo de la Universidad de Harvard han identificado ocho tipos distintos de inteligencia: lingüístico-verbal, lógico-matemática, viso-espacial, musical, corporal-cinestésica, intrapersonal, interpersonal y naturalista.

- Lingüística (o verbal-lingüística): Habilidad para utilizar con un dominio avanzado el lenguaje oral y escrito, así como para responder a él. Por ejemplo los políticos u oradores de prestigio.
- Lógico-matemática: Habilidad para el razonamiento complejo, la relación causa-efecto, la abstracción y la resolución de problemas. Por ejemplo un campeón de ajedrez o científicos.
- Viso-espacial: Capacidad de percibir el mundo y poder crear imágenes mentales a partir de la experiencia visual. Por ejemplo fotografía, video, creatividad 3D, etc.
- Corporal (o quinestésica): Habilidad de utilizar el cuerpo para aprender y para expresar ideas y sentimientos. Incluye el dominio de habilidades físicas como el equilibrio, la fuerza, la flexibilidad y la velocidad. Ejemplo: Danza o gimnasia.
- Musical (o rítmica): Habilidad de saber utilizar y responder a los diferentes elementos musicales (ritmo, timbre y tono). Por ejemplo los músicos o DJ y cantantes.
- Intrapersonal (o individual): Habilidad de comprenderse a sí mismo y usar este conocimiento para operar de manera efectiva en la vida. Por ejemplo los psicólogos y filósofos.
- Interpersonal (o social): Habilidad de interactuar y comprender a las personas y sus relaciones. Por ejemplo las personas solidarias, vendedores y Recursos Humanos.
- Naturalista: Habilidad para el pensamiento científico, para observar la naturaleza, identificar patrones y emplearla de manera productiva. Por ejemplo científicos volcados en el naturalismo y la defensa de la naturaleza.

- Existencial: La capacidad para situarse a sí mismo con respecto al cosmos, así como la capacidad de situarse a sí mismo con respecto a los rasgos existenciales de la condición humana como el significado de la vida, el significado de la muerte y el destino final del mundo físico y psicológico en profundas experiencias como el amor a otra persona o la inmersión en un trabajo de arte. (Esta inteligencia fue introducida en 1999)

En esta teoría también se plantea por primera vez que la inteligencia no es algo con lo que naces y se mantiene a lo largo de tu vida, sino que se puede desarrollar y propone que el sistema educativo trabaje para encontrar estas inteligencias a muy temprana edad y se ubique a los pequeños de acuerdo a las mismas.

En lo que hay que poner atención en esto es que para ser exitoso en la vida no necesitas encontrar una "inteligencia especifica" y dedicarte a desarrollarla, el mundo premia a las personas por cómo hacen las cosas más que por lo que hacen, y para llegar a esto es necesario combinar las inteligencias explicadas por Gardner, por ejemplo una persona como Steve Jobs no solo tenía una inteligencia matemática avanzada, sino que también tenía un uso del lenguaje bueno y una manera muy suya de relacionarse con otros con inteligencia interpersonal, esto es lo que lo llevó al éxito y no nada más una. Henry Ford se le acusó de ser un ignorante y en público les recordó cómo tenía en su escritorio un aparato con botones que le podía llamar a un ejército de personas que trabajaban para él y que le podían traer cualquier tipo de conocimiento, Henry Ford tenía una inteligencia viso-espacial avanzada, una inteligencia inter e intrapersonal también avanzada y es así como consiguió consolidar sus sueños.

Más recientemente ha surgido un nuevo vocabulario para competencias individuales con un rango de cocientes que acompañan el CI.

Cociente intelectual

Significa potencial mental y habilidad académica, los métodos para medirla existen desde el siglo XIX, y en 1912 el psicólogo William Stern diseñó la fórmula del Cociente para medirlo. A través del tiempo tener un CI elevado era la marca esencial de la inteligencia, y con íconos como Albert Einstein y Stephen Hawking, los dos con CI de ciento sesenta no cabía duda de ello. "Mensa" es una sociedad que reconoce a individuos que tienen un CI tan elevado que solo el dos por ciento de la población mundial está ahí, también a través del tiempo el poder pertenecer a esta sociedad tan exclusiva se ha vuelto la marca más alta para probar tu inteligencia, lo más curioso es que de ese dos por ciento no todos sus miembros son personas altamente exitosas.

Es más hay miembros de esta sociedad que no tienen trabajo y están en situaciones financieras difíciles. La mediocridad vive en la mente de todos los humanos, nadie se salva ni siquiera con una inteligencia superior y en este caso la gente que pertenece al grupo de Mensa de los más inteligentes del mundo, el dos por ciento para ser exacto, se considera que los miembros de Mensa que llegan a altos niveles de éxito, no es diferente al porcentaje de personas que llegan a altos niveles de éxito que no pertenecen a esa sociedad.

Cociente emocional

El CE tuvo gran atención en los noventa con sus desarrolladores o fundadores John D.MAyer y Peter Salovey quienes crearon la estructura. Daniel Goleman le dio tracción al concepto en 1995 con su libro *Emotional Intelligence.* La IE es la habilidad de entender tus emociones y las de los demás, y a usar información emocional para guiar tus pensamientos, comportamiento y relaciones interpersonales.

A diferencia del CI que es considerado algo con lo que naces, el CE se puede entrenar y desarrollar.

En pocas palabras la inteligencia emocional es la manera en cómo manejas tus emociones, a la hora de tratar a otras personas y a la hora de tomar decisiones. Mas no solo se trata de tus emociones, sino saber leer y manejar las emociones de los demás. Aquí es donde entra tu capacidad de comunicación y conexión con otros humanos, y es ahí donde te darás cuenta de que es más importante esto en términos de éxito que la mera inteligencia académica. Las personas que manejan sus emociones y conectan con otras personas terminan contratando a las personas con CI muy altos para que trabajen para ellos.

A tu mediocridad no le gusta conectar con los demás, es más te protege tanto que te considera lo más importante, los demás deberían saber cómo te sientes y respetarlo, y si alguien te ataca aunque sea por error, tu mediocridad considera justificada una reacción fuerte, como cuando le gritas al chofer del auto que se te metió sin fijarte y encima buscas cómo desquitarte dejándole ir el coche.

Las reacciones agresivas, aunque sean solo con el lenguaje, le encantan a tu mediocridad, y si tienes gente que trabaja para ti, le encanta que tú seas el jefe y poder hacerlos menos, todos los logros del equipo son tuyos y los errores son de ellos, eso es lo más cómodo y donde le gusta estar a tu mediocridad, eso la hace sentirse importante y en control de las cosas.

Cociente Espiritual

Este es uno de los términos más nuevos que han surgido, compañías como Nike, Ford, Boeing y otras lo han abrazado como parte de su vocabulario administrativo. En el libro del mismo nombre Danah Zohar e Ian Marshal crearon en 2001 al publicarlo conciencia en lo que se considera la más fundamental de las inteligencias.

El *Diccionario Oxford* define al espíritu como la parte inmaterial, intelectual o moral del hombre. Esta definición la toma la Organización Mundial de la Salud y señala que la espiritualidad nos conduce hacía preguntas sobre sentido y el propósito de la vida sin estar ligado a creencias particulares o religión. Mucha gente liga espiritualidad con religión, la primera es una capacidad humana, como las emociones, la conciencia de sí mismo, el raciocinio, etc. La segunda es una construcción humana social, donde en vez de ayudarte a sentir, pensar, preguntar, filosofar, etc., te convencen de lo que es y como es, sin dejar espacio a preguntas o dudas, esto también le encanta a tu mediocridad, que te digan en que creer y como creerlo, así no tienes que pensar. Y si bien no es mi intención meterme con las creencias de la gente en particular y mi propósito es el de respetar esta parte solo te diré que funciona muy parecido a la escuela en el aspecto de que se enseña "qué" y no "cómo" pensar.

Habiendo separado espiritualidad de religión, me gustaría explicarla de una manera más en tono con la inteligencia donde para despertarla podemos poner atención en diferentes necesidades humanas.

1. La necesidad de encontrar sentido, propósito y realización en la vida.
2. La necesidad de esperanza o de voluntad de vivir.
3. La necesidad de creer, tener fe en uno mismo, en los otros o en Dios.

Daniel Goldman en su libro de *Inteligencia Emocional* desarrolló en más detalle lo que Howard Gardner había empezado a esbozar con su teoría de las inteligencias intrapersonales e interpersonales, en él describe las siguientes habilidades:

1. Conciencia de sí mismo, de las emociones propias y su expresión.
2. Autorregulación, control de los impulsos, ansiedad, diferir las gratificaciones, y estados de ánimo.
3. Motivación y perseverancia a pesar de las frustraciones.
4. Empatía, cómo ponerse en los zapatos de otro y cómo confiar en los demás.
5. Artes Sociales, popularidad, liderazgo, persuasión, dirección, negociación, resolución de disputas, cooperación y trabajo en equipo.

Para la psicóloga Frances Vaughan, la inteligencia espiritual está relacionada con la inteligencia emocional porque la espiritualidad implica desarrollar una sensibilidad intrapersonal e interpersonal.Igualmente Danah Zohar e Ian Marshall vinculan el concepto de espiritualidad con el de inteligencia. La forma en que definen la Inteligencia Espiritual es como aquella inteligencia con la que afrontamos y resolvemos problemas de significado y valores, la inteligencia con que podemos poner nuestros actos y nuestras vidas en un contexto más amplio, rico y significativo. La inteligencia con la cual determinamos que un curso de acción o un camino vital es más valioso que otro. La inteligencia espiritual es la base necesaria para el eficaz funcionamiento tanto del cociente intelectual como de la inteligencia emocional. Es nuestra inteligencia primordial.

En capítulos anteriores vimos como la gran mayoría de la gente vive dormida al volante o en piloto automático, esta es la manera en como tu mediocridad te mantiene sin la conciencia necesaria de saber quien eres y encontrarle un sentido más profundo a tu vida. Sin tener una conciencia de vida, sigues el camino de la media, donde se te enseñó qué pensar, qué hacer, las reglas de tu vida y del mundo. Y el mejor curso de acción para una persona que no es consciente es mantenerse en modo *zombie* porque es donde encajas con mayor facilidad, es el lugar de tu zona de confort. La gran mayoría de la gente no quiere pensar conscientemente, porque eso implicaría hacerse preguntas, para las cuales no tiene ganas de buscar la respuesta. La gente altamente exitosa trabaja desde un sentido de vida profundo, no busca dinero, fama y poder. Aunque cuando tienes ese sentido de vida más profundo, el dinero, la fama y el poder son inevitables.

Dicho con otras palabras, cuando piensas, actúas y accionas por las razones correctas, el éxito es inevitable.

Tu mediocridad es simple de pensamiento, quiere las cosas fáciles y busca tan solo sobrevivir, pero esto mantiene tus "inteligencias" o tus cocientes, esos que se pueden desarrollar y crecer, en los niveles que siempre has tenido, el desarrollar tus inteligencias suena como a mucho trabajo. Y la única forma de hacerlo es a través de un proceso de cambio, de desaprender todo aquello que has aprendido a través de los años.

El poeta musulmán persa Rumi lo definió muy bien en una sola frase:

"Reconoce que el desaprender es la forma más elevada del aprender"

Y Larry Niven decía: *"La mitad de la sabiduría es aprender que hay que desaprender"*

El concepto de desaprender no es olvidar conocimientos, los conocimientos son herramientas más no son educación. La palabra educación viene del latín y su significado etimológico parte de dos palabras:

1. *Educare*, que significa, conducir, guiar, alimentar, criar, orientar.
2. *Educere*, que significa, hacer salir, extraer, dar a luz.

Es el segundo significado al que me refiero, en donde una persona educada es aquella que va a su interior, encuentra en su programación mental, que cosas le funcionan y le sirven que cosas ya no tienen servicio para su crecimiento. Piensa en una computadora en donde a cada tanto los programas se van haciendo viejos y se tienen que actualizar, también surgen programas o aplicaciones que mejor sirven a un propósito nuevo. En un dispositivo electrónico basta borrar el programa o la aplicación vieja y descargar uno nuevo. En tu mente no es tan fácil pues no hay carpetas tan obvias como las aplicaciones o programas, pero lo cierto es que la educación viene de adentro.

Como ejemplo, Juan es un profesionista común, trabaja para un corporativo en un rango administrativo medio, siempre desde que estaba en la universidad ha tenido problemas de dinero, gasta más de lo que gana, y sin importar cuanto gane, entre más aumenta su ingreso más aumenta su gasto. Es de los que cree que no puede ahorrar, también es de los que cree que no tiene tiempo de hacer un negocio de lado o aprender algo nuevo. Juan maneja un buen auto, lo compró hace un año, pero cada mes sufre para poder pagar la mensualidad. Un día Juan empieza a trabajar en su persona, en su crecimiento y se da cuenta de que sus problemas del dinero no vienen de no ganar suficiente, ni de no tener tiempo. Sus problemas vienen de creencias infundadas en su mente desde muy pequeño. Los padres de Juan eran de los que decían que el dinero no importaba, cada vez que hablaban de dinero peleaban, cuando Juan necesitaba o pedía algo la respuesta siempre era *"No lo podemos pagar"* y cuando se referían a alguien con dinero lo hacían con una connotación negativa, como si las personas con dinero automáticamente no fueran buenas personas.

¿Te puedes imaginar todas las creencias que Juan ha ido acumulando con respecto del dinero desde niño? No solo eso, sino que al seguir repitiendo los mismos dichos y las mismas conductas de sus padres, siempre estuvo reafirmando su mala relación con el dinero. Juan no tiene que aprender a manejar el dinero, no tiene que aprender contabilidad y administración personal, tampoco educación financiera. Juan tiene que desaprender esas creencias negativas en torno al dinero y a las personas que logran acumular riqueza, y tiene que dejar de pensar que no le alcanza porque es muy probable que por esa creencia tan simple, siempre esté gastando de más para poder recrear la creencia y la emoción negativa de que no le alcanza. Porque es adicto a ese sentimiento. En el capítulo de adicción a la mediocridad entramos de lleno en este tema, pero vale la pena decir que a tu mediocridad le gusta sentirse de la manera en como te has sentido toda tu vida, por eso Juan sigue recreando esas circunstancias en su vida, y tu mediocridad no está dispuesta a dejarte cambiar quien eres porque eso implicaría atacarla y ponerla en peligro.

Existen otras teorías acerca de las inteligencias y de los cocientes, y vale la pena mencionar dos de los cuales atribuyen éxito en las empresas: el cociente de curiosidad, el cual como su nombre lo dice, son personas que tienen un alto nivel de curiosidad y no les basta con la información a la mano, sino que van más allá. En una encuesta de PWC en 2015 con mil CEO se mencionó por la mayoría que la curiosidad y la apertura mental eran rasgos que estaban convirtiéndose en críticos en nuestros tiempos, creando una cultura de innovación en las organizaciones. El Harvard Business Review introdujo el concepto de "cociente de curiosidad" en 2014.

El otro término que cada vez se escucha más en el mundo corporativo y de educación es el "cociente de adaptabilidad", la forma en cómo te adaptes será cada vez más importante para el futuro, pensando en inteligencia artificial y máquinas aprendiendo, el mundo va a cambiar radicalmente. En un artículo de PwC *"Adapt to Survive"* estudios en diferentes zonas del mundo se midió el talento de la gente para adaptarse, donde se encontró que Holanda era el de mejor calificación y la India en último lugar. Piensa lo que ocurrió con la pandemia del COVID-19, la gente y las empresas que más rápido se adaptaron a la nueva realidad del trabajo remoto y otras necesidades, son quienes no solo sobrevivieron sino las que más prosperaron.

En resumen la teoría de las múltiples inteligencias abrió la puerta a que tanto empresas como universidades inventaran formas de medir diferentes aptitudes natas y les llamarán inteligencia, todas las inteligencias que te vas a encontrar en cualquier artículo van a caer dentro de una de las cuatro siguientes:

- Cociente intelectual
- Cociente emocional
- Cociente espiritual
- Cociente físico.

Y si te fijas, todas salvo una de ellas son entrenables, lo que nos puede llevar a la conclusión de que sí puedes ser más inteligente para alcanzar todo aquello que te propongas, el obstáculo es tu mente mediocre, la que encontrará todas las razones por las cuales no puedes y nunca vas a poder. También es la culpable de que no tomes la decisión ya sea de aprender, emprender o cambiar. Y para ello lo más importante siempre será conocerte, ese es el fin último de este libro, que tengas un poco de introspección, que te veas al espejo y que entiendas tu mediocridad, de eso trata el capítulo siguiente.

Capítulo 11

ENTENDIENDO TU MEDIOCRIDAD: EL AWARENESS

"Si la única herramienta que tienes es un martillo, tratarás todo como si fuera un clavo"
Abraham Maslow

Me gusta mucho usar la palabra *awareness* porque no hay una traducción, no existe una palabra en el español o castellano que describa exactamente lo que es. Si lo buscas encontraras conciencia, a mí me gusta llamarlo entendimiento. Pero ese entendimiento que viene de saber cómo funcionan las cosas. En este caso como funcionas tú.

Nunca tendrás un entendimiento completo, grandes investigadores, científicos, psicólogos y demás siguen entendiendo la mente humana, y aunque todos somos muy parecidos, todos somos diferentes, es por ello que es tan importante tener ese *awareness* que te dará poco a poco más entendimiento de cómo funcionas tú.

En este libro he venido hablando de todas las cosas que generan que una persona viva en el promedio, mucho de ello tiene que ver con vivir en una comunidad. El éxito en una comunidad no es el dinero ni la posición social, aunque estos ayuden muchísimo a llegar a lo que el éxito signifique para ti.

Si no entiendes todavía por qué el éxito no es lo que todos buscan o aspiran a ser, esa es la razón por la cual eres del montón, porque sigues buscando en los demás como destacar en tu vida.

Este es el momento en donde quiero presentarte un concepto al que le llamo Soberanía Personal. En tu vida, tú estás al mando, a la cabeza, eres el capitán y hasta la tripulación. Pero…

¿Dónde empiezas tú y termina la sociedad y su influencia?

Ese es el proceso del *awareness*: empezar a entender quién eres tú, dónde están las influencias y qué es lo que importa de verdad.

No te quiero venir a decir que necesitas volverte monje y deshacerte de todo bien material, al contrario, vengo a decirte que encuentres la vida que quieres vivir primero, y después busques el negocio o trabajo que alimentará esa vida.

La gente promedio empieza al revés, busca las herramientas, en sí el equipo para la vida que otros le han dicho que tiene que tener. Como en la cita famosa de Maslow, te han entregado desde niño una lista de herramientas que tienes que obtener en la vida, ahora bien:

¿Cómo pretendes vivir una vida diferente con las mismas herramientas que los demás?

Este equipo del que hablo es tanto mental como físico, analiza qué herramientas tienes al día de hoy:

- Una carrera

- Estudios
- Títulos
- Un trabajo/negocio
- Un entendimiento del mundo y de tu vida predispuesto.

Si una persona tiene cierta familiaridad con un tema en particular o tiene solamente un instrumento, siempre va a creer que la respuesta a cualquier situación lo va a involucrar.

Si ya llegaste a este capítulo, creo que ya te diste cuenta de ciertas cosas en tu vida y en tu mente, y te quiero felicitar, porque ese es el principio, solamente tener una mente abierta a que existe otro tipo de equipo y herramientas de las que conoces te harán ver todo de diferente manera.

Durante el tiempo que escribí este libro le pregunté a mucha gente su perspectiva de lo que significa la mediocridad, si se les hacía ofensivo el término y las razones por las cuales eso ocurría.

De las respuestas que tuve que fueron diferentes a las demás recibí dos que me llamaron la atención. Una persona que se dedica a trabajar con atletas de alto rendimiento, es *coach*, pero no del deporte sino de mentalidad y perspectiva me contestó que si era algo que me habían dicho a mí y que si me había hecho sentir mal de alguna forma, ya después entendió el contexto y me dio su perspectiva pero más profesional que personal, fue una conversación muy graciosa al final. El otro que me contestó de una manera distinta fue mi *coach*, una persona con la que al momento de escribir estas líneas tengo casi un año de trabajar con él y su organización y hago hincapié de nuevo en que no es un *coach* deportivo sino un *coach* de mente. En los últimos años, se ha desvirtuado mucho este término y han surgido muchos dizque *coach*es de todo tipo, pero no hablaré de eso todavía. Esta persona me contestó en términos de la gente, de creencias y vivencias, también siento que su respuesta se fue más por el lado profesional que por el lado personal, pero la plática se extendió y me contó de una época en donde él se sentía mediocre, no por el dinero que ganaba porque estaba ganando muy bien, pero descuidó a su familia, se descuidó él en lo personal y en su salud, pero más importante descuidó la razón por la cual hacía las cosas. Christian Simpson es una persona muy consciente de cómo funciona el mundo, cómo funciona la mente, es una persona con un entendimiento superior a la media y le costó años darse cuenta de que estaba trabajando por dinero, no por darle un sentido a su vida, no por dejar un legado.

Verás en ese menú que se nos presenta al nacer en donde escogemos ciertas opciones de vida y perseguimos un camino ya pavimentado y repetido lo que se busca es una estabilidad, pero esa estabilidad nos mantiene como se dice persiguiendo la chuleta durante toda nuestra vida, y esa persecución nos mantiene distraídos de temas superiores como el tratar de dejar un legado, como lo que nos apasiona y motiva a levantarnos de la cama sin un despertador.

Esto me trae de nuevo a dos preguntas de vida muy importantes para cualquiera:

- Si todas tus necesidades y las de tu familia estuvieran cubiertas, o sea, el dinero ya no importa, ¿qué harías con tu vida?
- Si pudieras estar presente en tu funeral, ¿qué es lo que te gustaría que la gente dijera de ti, de lo que fuiste, de lo que hiciste y de lo que dejaste?

El tener un sentido para tu vida es de esas satisfacciones superiores que no obtienes de ganar la lotería o de recibir un aumento de sueldo.

Los japoneses lo llaman Ikigai. El término se compone de dos palabras IKI que significa vida y Gaia que describe lo que es valioso o de mérito. Así que puedes decir que el valor de la vida para los japoneses es el IKIGAI.

También se ha dicho que pueden ser que esta palabra puede tener la clave de la felicidad. Lo más cercano en occidente a esta práctica podría decirse que es lo que hace que la vida valga la pena ser vivida, la razón de ser, el motivo que hace que te levantes a la mañana, "tu propósito".

Encontrar tu propósito no debería ser difícil, aunque como seres humanos tendemos a complicar todo, durante mis entrevistas para este libro encontré que hay cuatro grupos de personas:

1. Algunas personas siguen sus pasiones, pero al no tener un entendimiento mayor, o una base más firme en la realidad se desaniman fácil y siguen cambiando de pasión como de ropa interior.
2. La gran mayoría se va o se resigna por una carrera que les dé dinero y estatus, haciendo cosas que no les gustan.
3. Un grupo más limitado de personas ya hacen lo que les gusta, no solo eso, sino que además son buenos en lo que hacen y los apasiona, pero no ganan muy bien.
4. Este es el grupo más pequeño donde encontré personas que siguieron sus pasiones, utilizan sus talentos, ganan muy bien haciendo lo que les gusta, pero todavía tienen un cierto vacío.

Ese vacío es real, si no lo has sentido es porque no has llegado al punto donde se encuentran las personas del grupo cuatro, las necesidades humanas van por capas, o si conoces la teoría de Maslow lo puedes ver como una pirámide. Hay muchas teorías diferentes y cada una tiene sus diferencias, pero en lo que todos los pensadores concuerdan es que si no cubres las necesidades de un escalón o capa, no puedes pensar en cubrir las del escalón que sigue. Es una teoría de motivación, tus necesidades básicas serán fisiológicas, comida, aire, bebida, calor. La siguiente capa tendrá necesidades de seguridad como un refugio, protección del medio, estabilidad, orden, leyes. La tercera capa será social, de amor y de pertenencia. La cuarta capa tendrá necesidades de logro, de reconocimiento, de estatus, fama, reputación, responsabilidad, y la última es de crecimiento personal, de autorrealización.

Si una persona no tiene para comer, no puede pensar en dejar un legado, en el capítulo de la adicción a la mediocridad vimos que es un círculo vicioso en donde no puedes ver más allá de tu nariz por estar sumergido en tus emociones negativas, en tus sentimientos de culpa, en tus preocupaciones y por lo mismo no puedes ver la siguiente capa.

El vacío que sienten las personas del grupo cuatro no es de logro, de reconocimiento, de fama, de dinero. Es un sentimiento de no hacer una diferencia, en la comunidad en sus familias, en el mundo, es la falta de aporte de valor a los demás. Por eso es tan difícil para muchos encontrar su propósito porque lo siguen buscando afuera, esta última necesidad se cubre yendo hacia adentro en tu mente, conociendo a la única persona que puede cambiar tu vida.

Hay tres momentos de suprema importancia en tu vida, cuando naces, cuando mueres y cuando encuentras por qué vivir.

Y quizá ya empecé a sonar muy como un tema motivacional porque mucha gente repite este tipo de frases sin entender realmente de qué se trata. Para poder entender esta parte necesitas justo eso, un entendimiento mayor de ti y de tu vida, una apertura de conciencia, pero para no caer en motivación lo voy a resumir en cuatro oraciones que todo humano debería buscar:

- Hacer para lo que eres bueno
- Hacer lo que te gusta hacer
- Hacer aquello por lo que te puedan pagar bien
- Hacer algo que necesite el mundo, la comunidad, la demás gente.

La conclusión a la que llegué después de tantas entrevistas y pláticas informales, y la razón por la cual te quise explicar lo que es el propósito, es que todos somos mediocres en algún ámbito de nuestras vidas, es muy difícil estar completamente redondeado en todo. Somos seres altamente complejos y la vida se mueve muy rápido, aunque la gran mayoría de la gente piense que tiene todo el tiempo del mundo, creo que si estás leyendo estas líneas es porque ya tuviste un pequeño despertar al punto de que la vida no es eterna, al menos no lo es para nosotros. Y esa característica humana es la que nos lleva a querer tener un sentido, un balance y un legado.

La razón por la cual la gente se ofende o le da una connotación negativa a la palabra mediocre es porque muy profundo en cada uno de nosotros existe la cosquillas de que no hemos logrado lo que podemos lograr, es más ni siquiera hacemos nada por lograrlo entonces escuchas: "mediocre" y escuchas inconscientemente una voz que te dice: *"Y tú, ¿para cuándo?"*

Comparo mucho el logro económico o de trabajo con la pérdida de peso y lo hago porque todos estamos en el camino. Llegar al mejor cuerpo que puedas tener no es un destino, y es por ello que la gente no baja de peso, está cíclicamente en dietas todo. La gente promedio piensa que el tener el cuerpo que quieres es un tema de restricción y trabajo cuando en realidad es un tema de estilo de vida.

Así es la felicidad, el logro, el éxito, no es una dieta y un peso ideal, es un camino, y es poder conservar el peso ideal durante todo el camino.

La gente promedio piensa que se trata de tener un estilo de vida a corto plazo, pero la gente que ves en el gimnasio con el cuerpo que quieres lleva años siendo constante. El empresario que tiene libertad financiera y libertad de tiempo lleva años siendo constante con prácticas sanas de dinero, así la persona con un balance emocional, espiritual.

El secreto es comprometerte contigo al proceso, no hay más, por cierto no hay graduación, no hay línea de meta, pero si haces las cosas por las razones correctas te vas a dar cuenta de que el camino es lo que vale la pena.

"La muerte es realmente una gran bendición para la humanidad sin ella no puede haber un progreso real. Las personas que viven para siempre no solo obstaculizan y desalientan a los jóvenes, sino que carecen de suficiente estímulo para la creatividad".

Alfred Adler

Encuentra la vida que quieres tener y con base en esa vida busca las herramientas que te llevarán a ella. Deja de usar las herramientas que te encontraste porque vivirás la vida por suerte y no por diseño.

El día que empiezas a seguir tu propio camino es el día que empiezan a llover críticas, las críticas son un buen indicador de que te estás saliendo de la norma, la gente más cercana a ti será la que en ocasiones te critique más duramente. Hay que entender de donde vienen, la que más odia el crítico es aquello que le hubiera gustado hacer, pero le dio miedo, la gente critica desde su ignorancia o desde su propia mente mediocre, la gente que ha encontrado su personalidad auténtica difícilmente encuentra el tiempo de criticar a los demás. Ahora que si te das cuenta de que tú estás criticando a los demás lo mismo aplica.

Al crítico no hay que escuchar, porque eso solo alimentará tu mente mediocre, y te generará incluso más dudas de ti mismo. Cuando alguien te dice que no se puede, es porque ellos no pueden, pero tú sí. Ojo que si te encuentras diciéndole a alguien que algo es imposible o que no lo va a lograr, deberías analizar de dónde viene ese sentimiento porque lo más seguro es que venga de tu propia inseguridad y duda, y capaz y lo que estás tratando de decir es, yo no podría hacerlo.

La lucha con la mente mediocre es constante, día a día y cuando hablo de ese *awareness* a lo único que me refiero es que si tienes la conciencia de que tu mente te está jugando juegos mentales para detenerte o para no dejarte perseguir aquello que estás buscando, lo más seguro es que estés tratando con esa resistencia de la que hablamos en capítulos anteriores.

La resistencia estará presente en todo momento y mucho más cuando más cerca estás de lograr algo, es ahí donde viene ese paradigma del éxito en donde si tú comparas a dos personas, la primera alguien a quien admires por todos sus logros, la segunda alguien a quien si tener miedo a equivocarte te puedas regir a ella como un completo fracaso. Si analizas el número de fracasos que estas dos personas tienen bajo su cinturón te darás cuenta de que la persona que consideras un éxito ha fracasado muchísimo más veces que aquella a la cual ves como un fracaso. Esto se da porque para lograr tienes que ser y para ser solo puedes ser cuando haces aquello que pretendes ser. No puedes ser un nadador sin meterte al agua. No puedes ser una persona que camina en dos pies sin pararte y caminar. Te vas a caer y entre más rápido te levantes más rápido lo estarás intentando nuevo.

Y Por último, no se aprende nada del éxito, se aprende todo en los fracasos.

Thomas Alva Edison a quien se le atribuye la invención del foco, y por ende a quien se le atribuye haber cambiado la forma de vivir en una entrevista cuando se le preguntó de su gran número de fracasos contestó: "Muchos de los fracasos en la vida son de personas que no se dieron cuenta de qué tan cerca estaban del éxito cuando se dieron por vencidos. Yo no he fracasado, solamente encontré diez mil formas que no funcionan".

"Fracaso no es lo opuesto a éxito como te han hecho creer, el fracaso es parte del éxito".

Capítulo 12

EL SECRETO ES SER Y DEJAR DE SER

"Si quieres nuevos resultados, tendrás que romper el hábito de ser tú, y reinventar un nuevo tú"
Joe Dispenza

Mucho se ha dicho de como una persona es el nivel de sus resultados y deja de ser esa persona conforme va logrando cosas nuevas, Henry David Thoreau dijo que *"lo que obtienes al obtener tus metas no es tan importante como en lo que te conviertes al conseguirlas"*

Esto quiere decir que el nivel de tus resultados o de tus metas cumplidas te hace la persona que eres hoy, te da ese nivel de conciencia y entendimiento del que tanto he hablado en este libro. Si quieres cambiar tus resultados tienes que hacer cosas diferentes, y para hacer cosas diferentes tienes que cambiar tus pensamientos. Esto en pocas palabras te hará una persona diferente a la que eres hoy.

En términos de dinero, imagina a tres personas,

A) Una que gana un millón de dólares al año,

B) Otra que gana menos de 100 mil dólares al año y

C) Alguien que gana un millón de dólares al mes. Si se presenta una oportunidad millonaria las tres personas tendrán perspectivas diferentes, quizá para la persona B) ni la vea, la persona C) la vea como una pequeña oportunidad que ni le interesa y la persona A) la vea como algo muy grande y riesgoso.

La única manera de llegar a ser de una persona B) a una persona A) y luego a una persona C) es a través sí de trabajo, sí de oportunidades, pero más importante a través de cambios de mentalidad que vas obteniendo conforme vas ganando más dinero. Y lo pongo en términos de dinero porque es lo más fácil de entender, pero puede ser en términos de lo que tú consideres. Al final del día ninguna de las tres personas piensa igual, no tienen la misma conciencia de la vida ni de sus personalidades.

Todo lo que crees es relativo a la vida que has vivido, la única forma de crecer es dejando de creer ciertas cosas que consideras como verdaderas, ese es el significado de desaprender, del dejar de ser tú.

Si cambiamos la perspectiva y en vez de pensar como la persona que eres hoy y piensas en la meta o metas que quieres lograr, puedes determinar quien es la persona que puede lograr esas metas, y empezar a comportarte como la persona que si las puede cumplir.

¿Cuál es la diferencia principal entre alguien que decide no ser del montón?

Se ha estudiado mucho que es lo que tiene una persona exitosa a diferencia de una persona que no tiene un alto nivel de éxito o un éxito sobresaliente. Napoleon Hill después de veinte años de estudio sacó su ya tan afamado libro *Think Grow Rich* el libro al que se le atribuyó la mayor generación de millonarios en la historia. El Dr. Joe Dispensa con su libro *Deja de ser tú* quien explica en términos científicos lo que Hill solo explicaba con el poder de la observación, uno de principios del siglo XX y otro de principios del siglo XXI, ambos con su manera muy particular de compartir información, pero en conclusión, ambos dicen lo mismo con diferentes palabras a casi cien años de diferencia. Y como ellos infinidad de autores, investigadores, observadores. Todo mundo quiere descubrir la fórmula mágica para ser exitoso.

Lo único que te puedo decir a este respecto es que la fórmula mágica sí existe, y no es un secreto. Pero es la fórmula mágica para ser mediocre. La hemos perfeccionado, tenemos un sistema infalible. Bueno, casi infalible porque el uno por ciento de la población se sale de la norma.

Ese uno por ciento que se sale de la norma se sale porque en algún momento de su vida, algo pasó que tuvo una especie de despertar, una bancarrota, divorcio, una experiencia cercana a la muerte. En el 97 % de los casos hubo un gran fracaso que fomentó ese despertar.

La conclusión de infinidad de autores, investigadores, doctores, emprendedores y observadores en general ha sido que no hay una diferencia predominante entre alguien del montón y los grandes exitosos.

No tienen habilidades natas fuera de lo común, no tienen un intelecto superior como ya vimos en el capítulo anterior, tampoco es necesario que vengan de una familia con recursos, ni siquiera es que tengan mayor número de oportunidades.

La gente altamente exitosa, esa que se sale de la media y alcanza niveles sobresalientes hace las cosas de manera diferente.

Y para hacer las cosas de manera diferente, piensa de manera diferente.

¿Cómo hacen para pensar diferente?

Eso es algo que tienes que descubrir tú, en tu persona, a través de este libro te explique que es lo que hace a una persona común, ser común. Los comportamientos habituales de esas personas, los atajos mentales que te mantienen donde estás, la resistencia al cambio, el no querer estar incómodo y muchas cosas más.

Te podría recetar lo que muchos exitosos han hecho, pero tus metas no son las mismas que el resto de esas personas.

El éxito no es tener dinero, empresas, viajes, joyas, carros, a menos que eso es lo que tú consideres que es.

El éxito es tener una cierta soberanía personal, en donde hagas lo que te gusta hacer todos los días, en lo que eres bueno, con la gente que tú decides, con la libertad que persigues y por eso es personal. También por eso es necesario que dejes atrás el menú de éxitos y metas que la sociedad y tus amigos y familiares creen que es ser exitoso, eso es soltar y ser.

También es dejar ser a los demás, así como mi papá que en su inmenso amor y sobreprotección me quería estable y seguro, pero nunca consideró que yo también quería hacer las cosas diferentes, y hacer lo que me motiva, lo que me llena y hace feliz, y supongo esa es la razón por la cual no estoy persiguiendo solo riqueza como el resto de la gente.

Y ese es el dejar ser, si pones atención en tus comportamientos y comentarios, te darás cuenta de que cuando alguien te pide consejo sobre algo, siempre hablas desde tu vida y desde tu nivel de conciencia, lo más seguro que tus consejos los lleven a tener los mismos resultados que tú estás teniendo. Deja ser.

Ideas para enfrentar a la mente mediocre:

1. Define tus sueños

No los de la sociedad, no los de tus padres. Sino aquello que de verdad quieres hacer, lograr y ser. Ser es la parte más importante de hacer y lograr. No puedes escalar una montaña (hacer) y llegar a la cima y de regreso sano y salvo (lograr) sin ser un Montañista (ser).

Ignora las críticas, estas vienen desde la inseguridad y duda del que critica. La media no cree que salir de la media sea posible y por eso no sale. Tomarlas como un buen síntoma de que estás en el camino correcto.

2. Define el tipo de vida que quieres tener, si alguien te pregunta que haces en la vida, aquí es donde si eres montañista lo dices, si eres escritor, emprendedor, consultor y más allá es la descripción de lo que haces. En marketing se dice que tienes que tener una oferta de elevador según sea a lo que te dediques por si te topas a un alto funcionario o quizá a alguien interesado en lo que haces, lo puedas decir y explicar en el transcurso de un elevador, aquí me refiero a que lo tengas tan específico que lo digas con gusto. Y, por otro lado, también que tengas muy definido como estarán tus tiempos entre pasatiempos, familia, trabajo. Esto es de suma importancia porque tu trabajo, tu negocio, tu pasión primero debe ser el motor, ganar mucho dinero debe ser el producto colateral de hacer lo que te gusta, pero también debe alimentar la vida que quieres tener, la vida no es únicamente trabajo/negocio, tampoco solo familia/pareja, ni tampoco solamente pasatiempos o altruismo, define el balance.

3. Comprométete y sé consistente en aquello que quieras lograr. Cuando estás comprometido y convencido de lo que haces, el

universo, el éther, las energías, conspiran para ayudarte, todos tus pensamientos y acciones son energía, vibraciones, cuando las frecuencias son similares se atraen, por eso la gente de buen humor contagia y atrae gente con el mismo humor. Las personas enfocadas en su crecimiento atraen personas en la misma frecuencia y nadie ha logrado altos niveles de éxito sola. Esto es Serendipia de hecho el descubrimiento de la penicilina sucedió de esta manera.

El compromiso tiene que ser con el proceso, ningún rascacielos se construyó en un día, pero sí se construyó día a día. Al comprometerte al proceso, los resultados vendrán solos, pero si únicamente te fijas en el resultado esperado, solamente te vas a fijar en lo que te falta, lo que trae inseguridad y duda, esa que genera la mente mediocre. El compromiso con el proceso es enfrentar la resistencia día a día. A veces más a veces menos, pero siempre estará presente.

4. Evita los pretextos, no importa cuáles sean todos vienen desde la mente mediocre así como la duda y la inseguridad, la mente mediocre tratará de ponerte obstáculos, los días malos son a veces los más importantes. Cuando estás cansado y adolorido, tuviste un día difícil en el trabajo y tu mente te dice que hoy si se vale no ir al gimnasio, ese es el día que más importa, no solamente estarás recalcando la disciplina, no nada más reafirmando un hábito y no solo enfrentando tu propia resistencia, sino que además obtendrás mejores resultados a largo plazo por el efecto compuesto. Así como en las finanzas el efecto compuesto genera rendimientos exponenciales en tu dinero, así también el efecto compuesto genera crecimiento exponencial en cualquier área de tu vida mientras estés comprometido con el día a día, si mejoras uno por ciento cada día, al final de un año serás treinta y siete

veces mejor en lo que estés mejorando uno porciento al día, pero el secreto no es mejorar para una meta específica, el secreto es mejorar a diario. El ir al gimnasio en días malos es eso.

5. Empieza primero, la fuerza de voluntad se agota, la motivación se agota, las ganas se agotan, busca sistemas que te permitan hacer lo que tienes que hacer todos los días, el escritor William Faulkner decía *"yo solo escribo cuando me llega la inspiración, afortunadamente me llega todos los días a las nueve de la mañana"*.

La inspiración y la motivación la mayor parte del tiempo llegan, ya que empezaste a hacer algo, ya sea escribir, crear, diseñar, ir al gimnasio, trabajar, hablar, cocinar. Empieza primero.

6. Busca la maestría, no importa que tan bueno seas en algo, siempre hay espacio para mejorar. Tiger Woods, considerado el mejor jugador de golf del mundo tiene un *coach*, alguien que lo ayuda a seguir mejorando día a día, no dejes que tu ego te impida pedir consejos, hay gente más capaz y más inteligente o con más experiencia que tú.

7. Deja de compararte, si para definirte te basas en la jerarquizas del mundo competirás con los demás, avanzando en contra de los que están arriba y defendiéndote de los que están abajo, estarás contento cuando estás arriba y evaluaras tu felicidad y tus éxitos con base en el rango o el nivel en el que creas que te encuentras actuaras hacia los demás de acuerdo a la jerarquía, solo te basarás en tus acciones de acuerdo a lo que otros piensan, el modelo jerárquico te quita creatividad, y haces aquello que está en el menú solamente en vez de aquello que realmente te define.

8. Busca la soberanía personal, esto es: defiende tu territorio, tu tiempo y tus decisiones. Haz aquello que te gusta, aquello para lo que eres bueno, aquello que sientas que le da un sentido a tu vida y hazlo con pasión. Trabaja e interactúa con la gente que quieres hacerlo y evita a la gente con la cual no quieres interactuar. Esto generará que la motivación no sea un obstáculo, tampoco el sonreír y el hacer mucho dinero será inevitable. Cuando alguien es real atrae gente del mismo estilo, gente que funciona en la misma frecuencia y gente que te ayudará a llegar a donde quieras llegar.

9. Suelta las velas, cuando estés presionado por tomar una decisión y la resistencia en tu mente te esté confundiendo, suelta todo, date un respiro, a veces hasta una siesta o una noche de sueño te da claridad, un baño con agua caliente. Pero muy importante si sueltas, para después volver más fuerte, no importa si son cinco minutos, una hora o tres días. Suelta de verdad, deja de pensar en lo que te apremia, de lo contrario no cambiará nada, es más creo era el estrés. La meditación sirve muy bien también para poder soltar de la mente aquello que te apremia.

10. Potencia tus talentos, nadie es bueno para todo y todos somos buenos para algo en específico. Si has pasado tu vida trabajando en tus debilidades e ignorando tus fortalezas porque siendo bueno en algo crees que no es necesario trabajar en ello, cambia de mentalidad y trabaja tus fortalezas para que seas el mejor en ello, esto tiene que ver con comprometerte a la maestría, pero va más allá de eso, tus talentos son importantes para la comunidad y para el mundo, si no aportas en lo que eres bueno, en realidad no estás sirviendo para lo que fuiste puesto en este mundo. No dejes al mundo sin tus talentos, por algo los tienes, úsalos y úsalos bien.

11. La resistencia siempre estará presente. Cuando te comprometes con el crecimiento constante, esto en uno o todos los ámbitos de tu vida, la resistencia será parte de tu vida, aprende a lidiar con ella y úsala para motivarte. Acuérdate de que la meta debe ser el camino y el proceso, la felicidad no es un destino, es el camino.

"El tener una vida que vale la pena vivir en tu opinión es tuya, tanto la opinión como la vida. No dejes que la opinión de otros afecte tu vida"
Moisés Nava Falcón

Made in the USA
Columbia, SC
17 May 2022

60522455R00115